目次

contents

總序　尋找世界哲學的潮間帶生態／林鎮國　003
導讀　中世紀脈絡下的天主教哲學／黎建球　019
導讀　近代哲學與世界哲學史／林遠澤　049
導讀　哲學多樣性的世界圖像／黃冠閔　063

總序

尋找世界哲學的潮間帶生態

林鎮國（政治大學講座教授、法鼓文理學院特設講座教授）

二〇一六年五月十一日，《紐約時報》刊出由嘉菲爾德（Jay Garfield）和萬百安（Bryan W. Van Norden）教授聯名執筆的文章〈如果哲學不願多樣化，就讓我們揭穿其本來面目吧〉（If Philosophy won't diversify, let's call it what it really is）。這篇文章指出在北美地區的一百一十八所哲學博士班中，只有不到十分之一擁有中國哲學專長教師。而且，大多數的哲學系所絕不提及非洲、印度、伊斯蘭、猶太、拉美、美洲土著或其他非歐洲傳統的哲學。另外，在所有英語系前五十名的哲學博士班中，只有百分十五的專任教師能教授非西方哲學。嘉菲爾德和萬百安大聲疾呼，這種情況無論在道德上、政治上、知識上或教研上都令人難以接受。然而，令人泄氣的是，多年來的呼籲絲毫無法撼動如此僵化的哲學體制。既然如此，他們只好反諷地建議，這些哲學系不如改名為「歐美哲學系」或「西方哲學系」，更為名正言順。

嘉菲爾德、萬百安和台灣學界都有長期的互動。嘉菲爾德教授出身西方哲學科班，原先的專業領域為心靈哲學，後來轉攻佛教哲學，並主持多項佛教哲學研究計畫。他以「牧牛人」（Cowherds）為團隊名稱，在牛津大學出版社出版了多部膾炙人口的中觀哲學研究。約十餘年前，嘉菲爾德借調至耶魯新大學院（YaleNUS）其間，在京都大學的出口康夫教授組織下，與政治大學共同組建建立三校聯盟，並輪流在新加坡、京都和台北召開「分析的亞洲哲學」研討會，帶領研究生展開深入討論，成果豐碩且反響熱烈。後來，在我的建議下，邀請首爾大學哲學系加入，該聯盟擴展為四校合作，擴大了研究生的國際交流經驗。像嘉菲爾德這樣出身西方哲學，卻投身亞洲哲學的學者，還包括了馬蒂拉爾（Bimal Kristina Matilal）、莫漢蒂（J. N. Mohanty）等前輩，後繼者則有蒂勒曼斯（Tom Tillemans）、西德里茲（Mark Siderits）、韋斯特霍夫（Jan Westerhoff）等人。他們都兼治歐美哲學與印度哲學，並取得了典範性的研究成績。

無獨有偶地，二〇二二年一月，在普林斯頓大學舉辦的一場工作坊，哈佛大學的帕提爾（Parimal Patil）教授發表其〈哲學、哲學家與佛教經院論典〉（Philosophy, Philosophers, and Buddhist Scholastic Tests (Śā stra)），極力證明世親的《唯識二十論》完全有資格列入哲學系課程。反諷的是，帕提爾大聲疾呼要求哲學系接納印度哲學時，卻似乎忽略了理察．羅蒂（Richard Rorty）當年因不滿分析哲學的僵化體制而離開普林斯頓哲學系的往事。更加反諷的是，理察．羅蒂在離開分析哲學系之後，反而成就了他哲學寫作更為廣泛的影響力，這當然部分歸因於他對歐陸哲學的開放態度與吸收養分。

帕提爾和嘉菲爾德是多年的舊識，他們在北美呼籲哲學體制的多元化和世界化，不僅反映了身在北美卻以非西方哲學為專業的鬱悶心情，也反映了西方哲學體制不可撼動的霸權地位。

在歐洲與北美，亞洲哲學和伊斯蘭哲學通常被歸入「亞非研究」、「非西方研究」（歐洲）或「區域研究」（北美）。這樣的學術體制當然是源自於航海殖民時代所造就的帝國知識體制——一種專門用來研究殖民地的歷史、宗教、民俗、語言、思想、自然等知識的架構，其最終目的是為帝國統治服務。這種帝國知識體制造成了一種情況：若想研究印尼的伊斯蘭文化，必須前往荷蘭留學；想研究印度、斯里蘭卡的語言和宗教，則要前往英國留學；想研究越南，要去法國；想研究戰前台灣，則要去日本，而英國、荷蘭、法國和日本在過去都是殖民宗主國。至今在西方學界，印度哲學仍屈身於南亞研究，而中國哲學、韓國哲學、日本哲學則屈身於東亞研究。這樣的安排，固然有其歷史淵源，也是勢所必然。

哲學與宗教研究的體制化切割

另一種知識體制是哲學系與宗教系的分家。這一體制的形成並非來自帝國統治的需求，而是來自歐洲啟蒙時代以來的逐漸演化結果：哲學不僅和神學分道揚鑣，還在知識結構上凌駕於神學之上。這種演化的結果也體現在哲學史對「中世紀」和「現代」的劃分，並且污名化作為歷史分期的「中世紀」。在西方的知識體系中，非西方的知識，例如中國哲學、印度哲學、日本哲學、伊斯蘭哲學、猶太哲學，在體制上通常劃入宗教系，而非哲學系。這樣的分類，意味著這些非西方思想仍然停留在「理性為信仰服務」的中世紀階段，尚未進入獨標科學理性的現代，因此只具有歷史與宗教研究的價值而已。遺憾的是，這種西方的知識體制框架也滲入到非西方國家的學界，影響其自我認識。我在大學時讀到馮友蘭舊版的《中國哲學史》，該書始於子學，終於經學，當時不明白如此二分的道理。後來明白了：馮友蘭當時認為中國哲學仍停滯在中世紀的經院哲學（「經學」），尚未進入現代哲學。若有的話，可能就屬他所撰的《貞元六書》了。

在華文世界，從民國時期北大開始的西方哲學、中國哲學、印度哲學的三分結構，被台灣的哲學系體制繼承下來了。當年，北大蔡元培校長聘請梁漱溟（一八九三—一九八八）擔任印度哲學教席，出版《印度哲學概論》（一九一九年）。如今我們知道這本著作參考了井上圓了（一八五八—一九一九）的《外道哲學》，也就是基於漢譯佛典中的印度哲學資料的研究，同時也參考了陳大齊（一八八七—一九八三）的哲學概論。這足以反映二十世紀初期從日本學界引進的世界哲學架構，而這知識架構一直影響到我這世代。過去台大哲學系一直有印度哲學史課程，例如葉阿月先生師承中村元的印度哲學，就是代表性的例子。我在天普大學讀書時，印度裔業師雅達夫（Bibhuti Yadav）教授月稱的中觀哲學，亦曾以錢德拉達・夏馬（Chandradhar Sharma）的《印度哲學的批判性概論》（*A Critical Survey of Indian Philosophy*）為教材，讓我得窺印度哲學一二。這或許代表了上世紀東亞學界窺探世界哲學的有限視角。

從中亞希臘式佛教到十七世紀亞里斯多德哲學的傳入東亞

前幾年，我趁空閒時讀了莫漢蒂教授的自傳，《東方與西方之間》（*Between Two Worlds, East and West: An Autobiography*, Oxford, 2002）。我在一九八〇年代參加他的研討課時，正值他出版《胡塞爾與弗萊格》，批判邏輯的心理主義。他在自傳中提到，中學時代規定必須在梵文、波斯文和阿拉伯文之間選讀其中一種古典語言，這使我驚覺到不同語系所觀看世界框架有多麼不同。印度在十六世紀的蒙兀兒帝國時代，伊斯蘭成為帝國信仰，波斯文和阿拉伯文則成為主要的學術語言。莫漢蒂的中學教育即反映出和東亞傳統截然不同的世界圖像。雖然佛教自印度向東傳播，然而印度的知識地圖卻是向西連結。這種西向連結，除了見於伊斯蘭傳入印度斯坦次大陸的歷史事實之外，也首見於西元前四世紀「希臘式佛教」（Greco-Buddhism）的出現。

希臘式佛教是亞歷山大東征的產物，象徵著印度佛教和希臘文明的第一次遭遇，並在造型藝中上形成了犍陀羅風格，對中亞與東亞佛教藝術產生了深遠影響。這次的遭遇在文獻上最為人熟知的紀錄見於巴利文的《彌蘭王問經》與漢譯的《那先比丘經》。其中，雙方在自我同一性的問題，也就是阿特曼（ātman）或阿尼瑪（anima）的靈魂存在問題，展開了哲學論辯。這是印度佛教和希臘哲學第一次針對有我論和無我論的辯論。根據《彌蘭王問經》的記載，彌蘭王最後成了佛教徒。由於亞里斯多德曾擔任亞歷山大的老師，因此東西哲學的首次相遇，讓人不禁興起無限的歷史想像。一九五八年在阿富汗的坎達哈發現了一塊用希臘文撰寫的阿育王碑文，在《世界哲學史》第一冊第十章中寫道：「從中可以發現『世界哲學』誕生的瞬間」（請參考金澤修，「希臘與印度的相遇及交流」）。印度孔雀王朝的阿育王，是第一位將佛教傳播至世界各地的君主。

印度與希臘、佛教與亞里斯多德的首次相遇，並未成為絕響。令人驚奇的是，第二度相遇發生於十六世紀末至十七世紀初的日本與明末中國。伴隨著航海殖民時代的展開，耶穌會士隨著遠洋船隻從葡萄牙的里斯本出發，遠赴南美、印度、東亞傳教。耶穌會是紀律嚴明、戰鬥力強的天主教改革團體，其特色是重視學術研究的訓練。一一五〇年，沙勿略（Francis Xavier, 1506-1552）在印度果阿成立聖保祿學院，當時一百一十一名學生之中，就有五名來自中國。他們必須學習拉丁文、哲學、神學、辯論、修辭學和戲劇等學科。哲學即以晚期中世紀的亞里斯多德著作註疏為主，特別是葡萄牙柯因布拉耶穌會學院於一五九二年到一六〇六年間出版的八本註疏版本。這些亞里斯多德著作的拉丁文註疏於十七世紀大量傳譯入中國，成為初期現代具有代表性的哲學全球化事件。

將亞里斯多德哲學的傳入日本與中國的耶穌會士范禮安（Alessandro Valignano, 1539-1606）、利瑪竇（Matteo Ricci, 1552-1610）和艾儒略（Giulio Aleni, 1582-1649）均經由果阿，再抵達澳門和長崎。艾儒略即在《西學凡》（一六二三年）介紹了當時歐洲的六科學問系統：一、修辭學，即文科，謂之「勒鐸理加」（Rhetorica）；二、哲學，即理科，謂之「斐錄所費亞」（Philosophia）；三、醫科，謂之「默第濟納」（Medicina）；四、法科，謂之「勒義斯」（Leges）；五、教科，謂之「加諾搦斯」（Canones）；六、道科，謂之「陡祿日亞」（Theologia）。其中哲學稱作「理科」，顯然有意借用朱子學「格物窮理」來界定「哲學」。此可見於李天經為傅汎濟（Francisco Furtado, 1589-1653）與其父李之藻合作翻譯的《名理探》（可能始譯於一六二七年）所撰寫的序文：

> 世乃侈譚虛無，詫為神奇，是致知不必格物，而法象都捐，識解盡掃，希頓悟為宗旨，而流於荒唐幽謬，其去真實之大道，不亦遠乎？西儒傅先生既詮《寰有》，復衍《名理探》十餘卷，大抵欲人明此真實之理，而於明悟為用，推論為梯。讀之其旨似奧，而味之其理皆真，誠為格物窮理之大原本哉！

《名理探》的原本是柯因布拉大學根據亞里斯多德邏輯學所編的教科書，主要內容是包括作為「推論之總藝」的「絡日加」（logica）和「第亞勒第加」（dialectica），以及「五公篇」（五謂詞、五共相）和「十倫篇」（十種範疇）的討論。根據南懷仁《窮理學》的記載，傅汎濟還翻譯了亞氏的「分析前篇」，首度引入演繹法。然而，這些翻譯未能在中國的知識界發揮其影響，倒是從上揭李天經的序文可以看到利瑪竇「闢佛補儒」的傳教策略，試圖以亞里斯多德的邏輯學來取代儒家「格物窮理」的方法論，並藉此批判佛教，特別是禪宗，對其「法象都捐，識解盡掃，希頓悟為宗旨」、「侈譚虛無，詫為神奇」的特點予以駁斥。

可惜這一傳教策略僅引發了如《闢邪集》中所見的護教論爭，而未能將論爭提升到形上學和邏輯學層次，也無法與明末佛教復興的法相宗與因明學展開深度對話。尤其是佛教所持的唯名論立場與當時天主教亞里斯多德主義者所持的共相實在論之間可能的對決。由於唯名論和實在論的對決是中世紀哲學最為突出的哲學主題，耶穌會士們應該對此十分熟悉，否則他們也不會試圖以《名理探》來補充理學之「格物窮理之大原本」了。

中世紀唯名論和實在論之對決與現代性的根源

本叢書第四冊「中世紀篇」標示為「個人的覺醒」，初看之下似乎令人難解。個人的覺醒不應是現代性的特徵嗎？何以會出現在以神為中心的中世紀呢？事實上，在上世紀下半葉對現代性根源的各種溯源討論中，現代性的神學根源已受到學界的矚目。例如德國學界中，洛維特（Karl Löwith, 1897-1973）、布魯門柏格（Hans Blumenberg, 1920-1996）和施密特（Carl Schmitt, 1888-1985）之間的論辯，便是膾炙人口的例證。在英語學界，吉萊斯皮（Michael Allen Gillespie）的《現代性的神學根源》（*The Theological Origins of Modernity*, 2008）則較為吾人熟知。

山內志朗在第四冊開篇時便敘及此問題。他從普遍（共相）和個體（自相）的爭論切入，並指出中世紀基督教論及靈魂的救贖問題時，往往強調集體救贖，而忽略個人救贖。然而，從「煉獄」概念的出現以及告解制度的形成，顯示面對死後的審判是個人，而非集體。這揭示了個人意識的萌芽，並為往後現代個人主義的興起埋下種子。

在哲學層面上，普遍（universal）如何透過個體化原理而使得個體（individual）成為可能，是此爭論的主要問題。爭論一方是主張普遍是客觀存在的實在論，以約翰・斯各脫（John Duns Scotus, 1265-1308）為代表；另一方則主張普遍乃唯名無實的唯名論，以奧坎的威廉（William of Ockham, 1282-1347）為代表。山內志朗總結道，中世紀普遍實在論和唯名論的爭論，在近世的「宗教思想、倫理思想，乃至個人主義上，兩者依然存在連續性」。（第四冊，第一章，頁二四—二六）

十七世紀東亞的理氣實在論

中世紀的唯名論被視為近世歐洲個體從普遍中獲得解放的思想基礎，進而成為現代性的源頭。當然，歷史發展是否可以如此簡化解釋，值得進一步探討，但這一視角不失為一條重要的歷史反思線索。當歷史場景轉換到十七世紀的東亞，我們可以看到，歐洲的普遍與個體的範疇在東亞文化語境下的命運呈現出截然不同的樣貌。一方面，這些範疇被理學中的「理」與

「氣」所取代；另一方面，晚明佛教則以共相和自相為範疇的唯名論視角對其提出質疑。要理解這一衝突，必須先從朱子的理氣論入手，他指出：

天地之間，有理有氣。理也者，形而上之道也，生物之本也。氣也者，形而下之器也，生物之具也。是以人物之生，必稟此理，然後有性；必稟此氣，然後有形。其性其形，雖不外乎一身，然其道器之間，分際甚明，不可亂也。（〈答黃道夫〉，《朱文公文集》卷58）

「理」與「氣」是用來解釋存在的基本範疇。理是萬物得以存在的先驗性根據（道、本），氣則是萬物得以存在的經驗性根據（器、具）。二者的關係是，理在存有論上優先於氣。而朱子十分強調理的先驗性，他指出：

未有天地之先，畢竟也只是理，有此理便有此天地，若無此理便亦無天地，無人無物，都無該載了。有理便有氣，流行發育萬物。（《朱子語類》）

未有這事，先有這理，如未有君臣，已先有君臣之理；未有父子，已先有父子之理。不成元無此理，直待有君臣父子，卻旋這道理入在裡面。（《朱子語類》）

朱子在其後期思想中提出「心統性情」的觀點，將作為形上學範疇的理與氣收攝在心上。他認為：「性者心之理也，情者心之用也，心者性情之主也」，由此建構儒家以理為體、以情為用的主體性哲學。在這一主體性哲學中，理是規範性的根據（仁義禮智，性也。性即理也），其為實有，乃是必然。相對地，理學家批評佛教的理是「空理」（緣起性空之理），不是實理，因此其淪於虛無，乃理所必然。而這種對佛教的批判，後來被耶穌會的天主教哲學繼承。待耶穌會士將佛教的認知傳回歐洲之後，佛教被定位為貶義的虛無主義，在叔本華、尼采哲學中獲得了迴響，直到上世紀後半葉的後現代思潮，仍舊不衰。

然而，朱熹的理氣論引來利瑪竇的批評，後者借用亞里斯多德的範疇論，指出「理」只是「依賴者」（accident），不是「自立者」（substantia），因此不能作為事物的本源：

> 夫物之宗品有二，有自立者，有依賴者。物之不恃別體以為物，而自能成立，如天地、鬼神、人、鳥獸、草木、金石、四行等是也，斯屬自立之品者；物之不能立，而托他體以為其物，如五常、五色、五音、五味、七情等是也，斯屬依賴之品者。……凡自立者，先也、貴也；依賴者，後也、賤也。（《天主實義》）

根據張逸婧的研究（〈利瑪竇等耶穌會士對「自立體」概念的翻譯和闡釋〉，頁四七），亞里斯多德的「存在」（ousia）具有三種意義：一、事物變化過程中不變的基質；二、謂述的主詞；三、某物成為某物的本質。利瑪竇的「自立體」符合第二種意義。他說「理」不是自立體，只能是依賴者，就如同是說，青色依賴於青色之物，五常（仁、義、禮、智、信）依賴於君臣、父子、兄弟、朋友等事物之中。用理學的概念來說，理只能依賴於氣，至少理不能離於氣而單獨存在，而這顯然違背了朱子的理氣論。利瑪竇的重點是說，作為普遍（共相）的理只能依賴於個體（實體），而且普遍（理）與個體（氣）皆是實有。這表明他採取了共相實在論的立場，接近印度正理派和勝論派的觀點。必須注意的是，對於利瑪竇的亞里斯多德範疇論來說，作為依賴的理是實在的，而不同於奧坎和佛教的唯名論立場。

晚明佛教四大師之一的智旭（一五九九—一六五五）曾批評利瑪竇和艾儒略，特別是針對共相（普遍）和自相（個體）的實在論區分。智旭主張這只是概念上的方便施設假說，皆無自性。既然共相無自性，因此共相實在論不可取；同樣地，自相也無自性，因此自相實在論亦不可取。相較於奧坎或陳那的唯名論，智旭從真俗不二的第一義心的視角，即以真俗不二、有無相即的觀照視角，超越了實在論與唯名論的對立。他對實在論和唯名論的超越，並非片面否定其中之一，而是將二者安立在名假施設的世俗諦之上，從而照見其無自性空。這是大乘佛教特有的立場。若在東亞的脈絡追溯現代性的宗教根源，以十七世紀智旭為代表的佛教立場，可以說是一貫地表達對現代性的批判，而非簡化地為唯名論背書而已。

對照中世紀歐洲關於普遍實在論和唯名論之爭，印度哲學亦有共相的實在論與唯名論之爭。然而，在東亞哲學傳統中，漢語系佛教的「理」與「事」範疇取代了這種討論框架，特別是在華嚴哲學的「觀法」下，世界被構造為事法界、理法界、理事無礙法界、事事無礙法界。這種結構在無自性空的前提下，超越了理與事、共相與自相、普遍與個體的二分，最終達到事事無礙法界，即個體和個體之間獲得純然的自由（無礙），而非僅僅是主體性的自由。

在宋明理學中，「理」與「氣」成為主要範疇。具有普遍性和規範性的理與作為具體存在的氣，特別是心或意識，應該保有何種關係，涉及實踐的問題。這一問題直到二十世紀的中國哲學，特別是新儒家，仍是核心的哲學問題。這再度印證了東亞哲學的現代性可追溯到初期現代的思想根源，也看到了該議題作為「世界哲學」的跨文化性格，表現在普遍與個體、共相與自相、理與事、理與氣的二分範疇所具有的家族類似性。這幾組形上學範疇在不同哲學傳統的用法容或有些差異，但若考掘其譜系，觀其會通，仍可看到針對相同問題有不同的表現。這是在全球哲學架構下進行考察的樂趣。

結語

這套九冊的《世界哲學史》匯聚了日本哲學界老中青三代學者的努力，在經歷新冠疫災的全球性災難後，最終呈現出一部涵括各大文明傳統的哲學思想著作。內容包括天主教、基督新教、伊斯蘭、猶太哲學和俄羅斯哲學等，幫助讀者從多重視角認識我們所處世界面臨的危機，並深刻揭示思想與信仰在其中的核心地位。這套由眾人合力完成的世界哲學史，不僅規模宏大，更重要的是採用深入淺出的語言風格，讓讀者得以輕鬆理解並挑戰既有的世界哲學圖像。同時，書中深入探討亞洲的各種哲學（如印度哲學、中國、韓國和日本的儒學、佛教哲學）、伊斯蘭哲學和源於希臘的歐美哲學，聚焦靈魂、理性、情感、道德、政治、性別、環境等重要議題。在不同的語系與歷史生態下，各種哲學思想交織呈現出多元而豐富的思想景觀。

在閱讀這套《世界哲學史》之後，我們應重新反省本文開端所提及的教育體制問題，思考如何重新安排哲學教程，使其更能有效回應全球化——不論是好或壞——的複雜處境，並避免讓「他者」僅淪為空洞的詞彙。作為身在哲學教育現場的工作者，見證了哲學史被取消的過程：不僅印度哲學史早已消失，英美哲學也不再教授哲學史，連中國哲學史也跟著逐漸走入歷史。

如實觀之，哲學史的困境在於教學法，而不在於課程本身。敵視哲學史的前期分析哲學有一最好的反證，就是由塞拉斯（Wilfrid Sellars）、麥克道爾（John McDowell）和布蘭頓（Robert Brandom）所代表的匹茲堡學派。若沒有他們從哲學史汲取資源，就不會產生該學派的持續而廣泛的影響，甚至外溢到非西方哲學（如嘉菲爾德主編的《賽勒斯與佛教哲學》）的研究。

日本在一百多年來所累積的哲學研究，分工精細，規模龐大，充分反映在這套《世界哲學史》的出版上，特別是從日本視角編寫東亞哲學、印度哲學、伊斯蘭哲學、歐洲哲學和英美哲學，並將日本哲學重組於世界哲學的生態體系之中。每本哲學史的編寫都有其獨特的視角，本套書也不例外。作為讀者，我們或許可以思考，未來會有台灣視角或華文視角編纂的世界哲學史嗎？在世界哲學的生態系中，我們是否能找到屬於自己的潮間帶角落嗎？

導讀 中世紀脈絡下的天主教哲學

黎建球（天主教輔仁大學哲學系講座教授）

前言

由筑摩書房出版、黑體文化出版的世界哲學史一共分成九冊，其中有三冊是關於中世紀，本導讀是以中世紀為核心。

本叢書是由多位學者共同撰寫，展現了不同的特色。由於每位作者的風格和專業背景各異，因此整體風格呈現初一定的差異。在閱讀時，讀者須留意作者的專長以及其對本專題的意見與觀點。此外，作者多以現代化的視角探討中世紀哲學，而非從中世紀的立場切入，因此形成了一種審慎的批判及解釋的現象。值得注意的是，針對後世對中世紀的強烈批評，甚至包括歧視的部分，本叢書也多有交代，但未列出一些提出反對觀點的關鍵人物，頗為可惜。例如義大利哲學家佩脫拉克（Francesco Petrarca, 1304-1374）將中世紀視為黑暗時代（Dark Age），而此觀點的影響，一直到現代都是非常明顯的，尤其是在反對基督教的哲學家中這種情況特別明顯。

從中世紀本身的發展來看，它不但繼承並保存了希臘羅馬的精神與思想，甚至進一步創造了世界文明，為人類提供了重要的文化與知識遺產。今日我們所享有的豐富文化與學術資產，很大程度上得益於中世紀思想的保存與弘揚。例如，在希臘亡國後，許多古典哲學著作得以保存，主要歸功於基督教圖書館的努力。此外，中世紀還奠定了建築的輝煌、繪畫的璀璨與文學的歷久彌新，這些成就共同構築了世界文明的重要基石。

本導讀將以本叢書的結構為基礎，結合個人的解讀與歷史脈絡的敘述進行鋪陳。

中世紀：思想的誕生

「中世紀」一詞是指從西元四七六年羅馬帝國滅亡到十四世紀文藝復興（Renaissance）[1]開始之間的歐洲。這個時期是從中國的南北朝到明朝中葉，由於本叢書的「中世紀」部分，包括了文藝復興以及巴洛克時代的哲學，並提及同時代的中國跟日本的哲學，因此本導讀將以西方中世紀為核心。

「中世紀」這一詞起源於文藝復興時期。中世紀被視為歐洲歷史分期中的三大主要時期之一，與古典時代和現代並列。[2]布倫尼（Leonardo Bruni, 1370-1444）在其一四四二年出版的《佛羅倫斯人的歷史》（*Historiarum Florentini populi*）中首次提出這種三分法。[3]

自十四世紀起，歐洲的思想家、文學家和藝術家開始回顧並讚頌古希臘與羅馬的藝術與文化，進而將羅馬帝國滅亡後的時期稱為「中世紀」（Middle Ages）。這種基於羅馬衰落與文藝復興興起的思考方式逐漸普及，確立了「中世紀時期」（Medieval Period）的概念。

羅馬滅亡於西元四七六年，之後歐洲大陸失去了統一的國家或政府，人民的凝聚主要依賴於天主教會。此時期，天主教會成為中世紀最強大的機構，國王、王后以及其他領導人的權力多來自與教會的聯盟及對其的保護。[4]

中世紀又可以分為前期和後期兩大階段：前期從第五世紀到第十世紀；後期從第十一世紀到第十五世紀。前期從歐洲北方蠻族入侵西歐、中歐和南歐開始，經過法蘭克人所建立的墨洛溫王朝（Mérovingiens, 457-751）、加洛林王朝（Carolingian, 751-987）與神聖羅馬帝國，以至歐洲封建社會的形成為止。後期則從封建社會弊端叢生，教會痛下決心重整教會紀律，維護教會神權獨

1 文藝復興（Renaissance）指的是一個文化運動，發生在歐洲在十四至十六世紀間。它先在義大利，其後傳播至全歐洲。文藝復興結束中古時期並開始了歐洲的近代時期。在這時期，人民受人民主義所影響。他們相信人的價值比宗教緊要。他們對希臘及古羅馬的藝術及學習有興趣。他們開始欣賞他們身邊的美麗事物。他們相信道理及問不合理的問題。他們挑戰舊的意見及教會的教導。很多的重要的科學發現及發明產生了。

2 Power, Daniel. *The Central Middle Ages: Europe 950–1320. The Short Oxford History of Europe*. Oxford University Press..

3 Leonardo Bruni: History of the Florentine People. The I Tatti Renaissance Library. Harvard University Press. 2001

4 請參考 Edward Gibbon, *The history of the decline and fall of The Roman Empire*.

立於政治之外的尊嚴開始，直到熱那亞的航海家哥倫布（Cristoforo Colombo, 1451-1506）在西班牙國王資助之下，發現美洲新大陸，人類歷史終於進入現代時期為止。

中世紀的哲學，包括天主教哲學、阿拉伯哲學。

天主教哲學的發展自耶穌基督之後約可分為宗徒時代的哲學（三〇—一〇〇）、教父哲學（一〇〇—八〇〇）、士林哲學（八〇〇—一九〇〇，又譯為「經院哲學」）及新士林哲學（一八七九—）。而中世紀則跨越了教父哲學及士林哲學。

阿拉伯哲學涵蓋了以阿拉伯文發表的天主教哲學和穆斯林哲學。以阿拉伯文發表的天主教哲學始於六世紀，而穆斯林哲學則從穆罕穆德（五七〇—六三二）創建伊斯蘭教開始發展。

早期的伊斯蘭思想在八世紀至十二世紀之間逐漸成形，其中可區分出兩種主要思潮：其一是凱姆拉（'Ilm al-Kalām，伊斯蘭神學），其二是法爾薩（falsafa，哲學），後者以亞里斯多德哲學（Aristotelianism）與新柏拉圖主義（Neo-Platonism）為基礎。後世哲學家致力於調和這兩種思潮，例如伊本・西那（Avicenna，980-1037）創立了阿維森納主義，伊本・魯世德（Averroes）則創立了阿威羅伊主義，為伊斯蘭哲學的發展奠定了重要基石。

中世紀的教父哲學

天主教是一個以耶穌基督（Jesus Christ，西元前六—西元三十年[5]）為信仰核心的一神論宗教。宗徒伯多祿（Saint Peter，於西元六四—六八年歿，唐朝景教譯為岑穩僧伽法王[6]）接受耶穌基督的託付，建立了教會，被視為教會的基石，並成為第一位教宗。在其領導下，教會形成了統一的結構，此後羅馬的主教繼承了這一職位，逐漸成為所有地區教會的領袖。因此，天主教會自伯多祿起一脈相承，發展為以羅馬主教為領袖的普世教會。

至西元四世紀，羅馬帝國分裂為東、西兩部分後，羅馬主教的地位在西羅馬帝國中得以鞏固，但在東羅馬帝國內，君士坦丁堡主教的影響力逐漸上升，與羅馬主教形成對立局面。至十一世紀，東西教會大分裂爆發，東方教會以君士坦丁堡主教（普世牧首）為首，採用正統教會（Orthodox Ecclesia）的名稱；西方教會則由羅馬教宗領導，繼續使用大公教會（Catholica Ecclesia）的

5 思高聖經，頁二〇三六，思高聖經學會出版社，一九六八年十二月香港初版。一般都以為耶穌生於西元前三年，於西元三十年升天，今從思高聖經。

6 吳昶興，《 常之道：唐代基督教歷史與文獻研究》（基督教學術叢書／論著系列11，台灣基督教文藝出版社，二〇一五年五月二十九日）頁二二六，（原始內容存檔於 2020-03-27）。向師尊請益的乃門徒為首之「岑穩僧伽」（即新約中的使徒彼得）。

名稱，成為西方基督教的主要體系。

教父的身分

教父（Patristicus）的原義是「父親」或「父老」，早期基督教會以此稱呼教會的長老。研究教父著作的學問被稱為教父學（Patrology）。

教父的活躍年代大致介於新約時代末期、宗徒時代（Apostolic Age，約西元一世紀末）至四五一年迦克墩大公會議（Council of Chalcedon），甚至延續至八世紀的第二次尼西亞大公會議（Second Council of Nicaea）。

一般而言，宗徒及其繼任者的主教被視為教父。在後代，凡是傳播教理並有著作流傳的人士，不論是主教、神父、其他聖職人員，甚至信友，只要具備以下四個條件，均可被認為是教父：理論純正、行為聖善、年代古老，且經教會認可與推崇。教父的範圍從宗徒時代上溯，一直到西方的聖依西多祿（Isidore of Seville, 560-636）和東方的大馬士革的約翰（John of Damascus，七四九年歿）。這段期間符合條件的教父數目多達數千人。

教父的分類

一般來說，教父分成宗徒教父及教父二種：

宗徒教父

宗徒時代的教父，其數目難以確定，但至少有八、九位。他們之所以被稱為宗徒時代教父，是因為這些教父直接傳承宗徒們的遺訓，大多親身受過宗徒的教育，或聆聽過宗徒的講授並有所記載。這些教父包括第一世紀的聖克萊孟（Clement of Rome，約一世紀末歿）及聖依納爵（Ignatius of Antioch, ca. 35-110），以及第二世紀的游斯丁（Justin Martyr，約二世紀歿）與依肋內（St. Irenee，ca. 130-202）。

四世紀到八世紀的教父

在東西方教會分裂前，東方的拜占庭教會與西方的拉丁教會各自擁有傳統上所景仰的聖師（Doctor Ecclesiae）。在西方的拉丁教會，至第八世紀已有將四位知名拉丁教父視為教會聖師的傳統，他們分別是：聖安博（Sanctus Ambrosius, ca. 340-397）、聖熱羅尼莫（Eusebius Sophronius Hieronymus, ca. 347-397）、希波的奧斯定（Augustinus Hipponensis, 354-430）、以及教宗聖額我略一世（Sanctus Gregorius

PP. I, ca. 540-604）。一二九八年，教宗波尼法爵八世（Bonifacius PP. VIII, ca. 1235-1303）正式確認他們為「西方四大聖師」。

這四位聖人後來與教宗聖碧岳五世（Sanctus Pius PP. V, 1504-1572）所追奉的四位東方教父聖師互相對應，被稱為「東方四大聖師」（The Four Great Doctors of the Eastern Church）。這四位東方教父分別是：尼薩的額我略（Gregory of Nazianzus, 330-389）、凱撒利亞的巴西略（Basil of Caesarea, 330-379）、金口聖若望（John Chrysostom, 347-407；「若望」為音譯，意為「慈愛者」）、以及亞歷山卓的亞大納修（Athanasius of Alexandria, 約二九六年至二九八年間出生）。亞大納修又被尊稱為「大亞大納修」（Athanasius the Great）或「告解者亞大納修」（Athanasius the Confessor），特別是在科普特正教會中受到推崇。

這些聖師共同構成了基督教傳統中被尊稱為「八大教父」或「八大聖師」的神學家群體。

教父著作

教父作品的搜集始於西元三九二年聖熱羅尼莫所著的《聖教名人記》（*De viris illustribus*，*Concerning Illustrious Men*），此後歷代學者持續投入其中，蔚為大觀。近代則以米臬（Jacques Paul Migne）於一八四四年至一八五五年間在巴黎編纂並出版的《希臘和拉丁教父文庫》（*Scripturae sacrae cursus completus*）為代表性成果。該文庫採用四開本形式，每本涵蓋一冊或數冊，篇幅驚人，每冊內容分為左右兩欄，共計一千至兩千多欄，為教父作品的傳承與研究奠定了重要基礎。

自一六五三年，路德派學者葛哈爾（Johannes Gerhard, 1582-1637）撰寫《教父學》（Patrologia）以來，教父學逐漸成為專門研究教父生平、思想及著作的獨立學術領域。現代天主教大學及專科學院中，多設有教父學講座作為必修課程。

教父因緊接於新約時代後誕生，大多享有聖人的尊稱，對基督宗教信仰具有決定性貢獻，因此其見解在教會內享有崇高地位。教父大多為主教，少數則為其他聖職人員或在俗教友。其中，亞歷山卓的克萊孟（Clement of Alexandria, ca. 150-215）與特士良（Q.S.F. Tertullian, ca. 160-220）是著名的教友教父；奧利振（Origen, ca. 185-254）的一部分作品也是在其為在俗教友時完成的。此外，四至五世紀活躍於埃及沙漠的隱修士，即以彼此談論教父思想而聞名。

此外，早期基督宗教中也有女性作家被視為教父，例如四世紀的亞歷山卓的辛克勒提卡（Syncletica of Alexandria，又被稱為「沙漠母親」），其貢獻同樣不容忽視。

教父作品的體裁

教父作品的體裁形式多樣，主要包括：講道詞、書信、各類主題論文、傳記、自傳、聖人傳記、歷史與編年史、護教著作、聖經註解、殉道記、禮儀經文、箴言、勸世文、歌曲、詩歌、日誌，以及偽文獻、仿冒碑銘和匿名作品等。有些作品僅能透過殘存的片段或其他資料來源得知其存在，卻難以窺見全貌。

例如，凱撒利亞的安瑟伯（Eusebius of Caesarea, ca. 265-340）在其《教會史》中臚列了許多初期教會作家及其作品，無論是正統或異端思想。他的著作中引用的部分，保存了不少原始文獻，因而成為研究教父作品及資料的重要來源之一。

中世紀的士林哲學

士林哲學在面對過去八百年的思想紛陳及新時代的變化時，發現傳統的柏拉圖主義、新柏拉圖主義及奧斯定主義已難以應對當前的問題。因此，它試圖擺脫這些傳統框架，致力於發展一種新的哲學體系，並更加堅定地以信仰為核心，來建構哲學內容。

士林哲學的核心目標，是希望建立一套完整的系統哲學。在這套哲學中，必須全面闡明天主教對天、人、物、我的完整思想概念，並能以主題標示、內容說明及方法論辯證作為支撐。一改教父哲學以柏拉圖主義、新柏拉圖主義及奧斯定主義為主軸的傳統作法，士林哲學則以亞里斯多德哲學為核心，同時輔以柏拉圖主義、新柏拉圖主義及奧斯定主義，從而形成一種新的哲學，滿足《大全》（*Summa*）與《百科全書》（*Encyclopedia*）的需求。

這一哲學體系的代表人物包括大阿爾伯特（Albertus Magnus, O.P., 1200-1280）及多瑪斯・阿奎那（Thomas Aquinas, 1225-1274）。士林哲學影響了西方世界超過一千年，直到一八七九年，教宗良十三世（Pope Leo XIII, 1810–1903）發布《永恆之父》（*Aeterni Patris*）通諭，為多瑪斯哲學注入新生命，開啟了「新士林哲學」（Neo-Scholasticism，也稱為新士林多瑪斯主義或新多瑪斯主義）的時代。

士林哲學的誕生背景

在士林哲學出現之前，天主教面臨著相當嚴峻的挑戰。以柏拉圖主義、新柏拉圖主義及奧斯定主義為核心的教父哲學，已難以回應當時的諸多問題。例如，關於三位一體（Trinitas）、共相（Universal，又譯為「普遍」）、創世論（Creationism）、原罪論（Original Sin）以及救贖論（Salvation）等核心教義，引發了廣泛的討論與爭辯。儘管尼西亞大公會議已頒布信德誓言，試圖統一教義，但相關爭議並未因此止息，而是持續延續至十二世紀。

初期爭論

從宗徒時代之後，初期教會面臨內外雙重壓力。不僅需應對非基督宗教的挑戰，還要面對來自猶太主義（Semitism）、諾斯替主義（Gnosticism）、聶斯多留派（Nestorius）、一性論

(Monophysitism)以及亞流主義(Arianism)等不同教義立場的壓迫。同時，教會內部也充斥著論爭，增加了教會的內部分歧和緊張。

此外，四世紀末，君士坦丁堡與羅馬(包含亞歷山卓)的宗座地位之爭進一步加劇，對奧利振的神學是否可接受，也成為爭論的焦點。神學學派之間的分歧和競爭則為這一時期增添了更多複雜性。其中最著名的分歧出現在第五世紀，亞歷山大學派(Alexandrian School)與安提約基學派(Antiochian School)的對立尤為突出。

亞歷山大學派受新柏拉圖主義影響，其神學傾向偏向默觀與思辨，從上至下地展開論述，但過分強調基督的神性，最終導致極端的一性論。而安提約基學派則以亞里斯多德的思想為基礎，神學路徑更偏實證，從下至上進行分析，但過於強調基督的人性，最終促成了聶斯多留派(Nestorianism)的產生。

在此時期，特土良和奧利振兩位教父的地位並不明確。特土良是一位敏銳的思想家，也是首位將神學由希臘文改用拉丁文撰寫的神學家，但他似乎受到蒙丹派(Montanism)的影響。至於奧利振，雖然提出了許多具有發展性的觀念，卻最終被判為非正統，其著作在第六世紀時甚至遭到東方教會的查禁和焚毀。其他如三位一體思想構成的爭論，直到第四世紀才逐漸明朗化。游斯丁和奧利振的觀點中，似乎認為天主的位格並非彼此絕對同等。此外，東方教父對於恩寵的絕對必要性態度較為樂觀，而西方教父(特別是從奧斯定時代開始)則持相對悲觀的觀點。

儘管爭議重重，但在異中求同的過程中，教會逐步達成了一些共識，並逐漸發展出教會的信理（Dogma），包括相信三位一體的天主，三位完全平等；相信天主從虛無中創造了世界；相信基督同時具有完全的天主性與人性，其人性來自童貞女瑪利亞；相信基督的救贖是為了罪人的得救；相信有制度的教會，透過聖統和聖事分享基督的救恩；相信有天堂和地獄，並相信復活；相信聖經具有雙重意義，即字面意義與靈修意義。這些共識不僅奠定了基督宗教信仰的基礎，還為尼西亞大公會議提供了重要的基本素材。

尼西亞大公會議的決定

尼西亞大公會議（The First Council of Nicaea, 325-381）由羅馬皇帝君士坦丁一世（Flavius Valerius Aurelius Constantinus, 274-337）召集並主持，按照羅馬元老院的形式組織會議進行。會議的主要議題是解決亞歷山大學派內部關於耶穌與天父關係的分歧：即耶穌究竟是與天父同質還是僅僅類似。亞歷山大教會的一派主教主張耶穌與天父同質，另一派則主張耶穌與天父僅是類似。君士坦丁一世在會議期間多次親自出席，積極參與討論。

最終，亞流（Arius, 256-336）建議以凱撒利亞主教兼教會歷史家安瑟伯提出的信仰告白為基礎，編訂《尼西亞信經》。該信經採用了關鍵性術語「聖子與聖父同性同體」（Homoousia），確立了基督教的核心信仰。

尼西亞大公會議的決議否定了亞留派主張的耶穌次於天父的從屬論觀點。《尼西亞信經》在皇帝君士坦丁一世的強力推動下獲得通過，並被定為正統教義標準，凡否定該信經者均被視為異端（Heresy）。此外，會議通過了二十條教會法規，進一步擴大正統派主教的權力，對羅馬帝國全境的教會具強制性約束力。會議還就逾越節的日期問題達成一致，決定以春分後第一個滿月後的第一個星期天為耶穌復活節的日期，從而統一了該節日的慶典安排。

延伸的問題

尼西亞大公會議對天主教具有深遠意義，因為這是首次以基督徒代表集會的形式取得共同意見，也被視為基督學（Christology）的開端。透過皇帝的權力召集基督教主教參與會議，是主教代表首次聯合同意教義聲明的場合，並首次由皇帝運用國家力量干預主教會議的進程，這種現象被稱為「君士坦丁轉換」（Constantinus change），即教會與政權的緊密結合。這一結合至今仍引發廣泛辯論。

美國生活科學網站曾將尼西亞會議列為改變人類歷史的十大事件之一，指出：「由君士坦丁召集並主持的會議，象徵著皇權對教會取得了一定程度的控制。《尼西亞信經》的誕生開創了大公會議制定信仰聲明和正統教義的先例，為教義的正統性以及天主教國家的合一提供了指導綱領。」然而，此次會議並未徹底解決召開時試圖解決的問題。

《尼西亞信經》的反對者，例如亞流和米勒修斯，很快便重新獲得了幾乎失去的權力。在四世紀的剩餘時間裡，亞流繼續宣揚其主張，導致教會的進一步分裂。同時，尤西比烏斯（Eusebius of Nicomedia，三四一年歿）利用其在宮廷的影響力，使君士坦丁逐漸偏向支持尼西亞大公會議的正統主教。然而，政治角力帶來的結果卻是動盪：安提阿的尤斯坦修斯於西元三三〇年被流放；愛森那塞修斯雖繼任亞歷山大主教之位，但在三三五年泰耳會議後被免職；而亞流則重新回到君士坦丁堡，被重新接納進入教會。令人意外的是，君士坦丁一世在西元三三七年去世前受洗，卻是在亞流教派的儀式中完成的。

繼尼西亞大公會議之後，為了解決教會內外的各種問題，在西元三二五年至七八七年間，又陸續召開了六次大公會議：

第二次：第一次君士坦丁堡大公會議（三八一年）。本次會議的主要議題是討論聖父與聖子本質的教義，最終修訂並通過了《尼西亞信經》的內容，進一步奠定了三位一體的神學基礎。

第三次：厄弗所大公會議（四三一年），此次會議將聶斯脫留及其追隨者定為異端，確立耶穌的神性與人性不可分割，瑪利亞因此被確認為「天主之母」（Theotokos）。同時，會議斥責伯拉糾主義（Pelagianism），否定其「無原罪，自由意志」的主張，並確認了第一次與第二次大公會議的決定，認為《尼西亞信經》是完整且不可更改的。

第四次：迦克墩大公會議（四五一年），又稱卡爾西頓會議，此次會議界定了基督的「神人二性」學說，並將基督一性派定為異端，制定了《迦克墩信經》。會議鞏固了羅馬主教的權威地位，接納了尼西亞信經、教宗聖良一世的《大卷》及區利羅寫給聶斯脫留的信件，將其視為基督論的正統依據。

第五次：第二次君士坦丁堡大公會議（五五三年），由於迦克墩大公會議的決議引發了基督一性論派的反彈與暴動，此次會議譴責了「三章案」，並制定了十四項絕罰條文，禁止基督一性論的討論。同時，會議確認天使有等級的觀念，將其分為三大等級。

第六次：第三次君士坦丁堡大公會議（六八〇—六八一），此次會議在君士坦丁四世與教宗佳德的主持下，譴責基督一性論及其延伸出的基督一志論（Monothelitism），並將基督一志論定為異端。會議確認耶穌基督是真天主也是真人，具有理性的靈魂和肉身，並且在人性的意志上甘願服從天主性的全能意志。

第七次：第二次尼西亞大公會議（七八七年），本次會議的核心議題是聖像敬禮問題，會議奠定了對聖像敬禮的傳統根基。

這些大公會議不僅對天主教教義的發展產生深遠影響，也在信仰實踐、教會組織和基督教的歷史進程中扮演了重要角色。

教父哲學的困境

在經歷了七次重要的大公會議後，教會的基本教義問題依然未能完全解決。第八次的第四次君士坦丁堡大公會議（八六九—八七〇）更顯示出教會內部分裂的加劇，東方禮的主教們不再參與，會議僅有天主教主教出席。直到第二十一次的第二次梵諦岡大公會議（一九六二—一九六五），東方禮的主教們才重新列席。

從這些歷史發展來看，當時的教會哲學家逐漸意識到，以柏拉圖主義、新柏拉圖主義及斯定主義為核心的教父哲學，已無法有效回應當前面臨的挑戰。這些哲學思想因過於傾向理型論，忽視了對現實世界的關注，從而在某種程度上切斷了與信仰實踐及心天主之間的有機聯繫。

在這裡，所謂的柏拉圖主義（Platonism），是指由柏拉圖提出的哲學理論，或被認為是以柏拉圖學說為起點發展出的哲學系統。廣義的柏拉圖主義，認為理念形式是獨立存在的、永恆的，並且比現象世界中的具體事物更為真實且完美，甚至是唯一真正實在且完美的實體。這一體系還包含了理念形式只能由靈魂所認識的觀點。柏拉圖主義並不必然接受柏拉圖的所有見解，而是與唯名論相對立的一種哲學主張。

柏拉圖關於靈魂的思想認為，靈魂是單純且不可分解的，它具有生命和自發性，屬於精神世界，是理性且純粹的。靈魂由於追求世俗世界的慾望而墮落到物質世界，被束縛於肉體中，因此必須經歷淨化的過程。理想的靈魂是一個有秩序的靈魂，其較高的功能駕馭較低的功能，並具備聰明（σοφία）、勇敢（ἀνδρεία）、克己（σωφροσύνη）和正直（δικαιοσύνη）四種德行。柏拉圖認為，有理性的生活是至善的，而物質是不完善的，靈魂應努力擺脫物質的束縛。

柏拉圖將心靈的「存有」（Being）與肉體的感官變異（Becoming）進行對比，前者代表不變的高層世界，而後者則是不穩定的感官世界。他提出的形式（Forms）或理念（Ideas），是永恆的絕對存在（eternal absolutes）。對柏拉圖主義者而言，普遍概念比個別事例更為真實。柏拉圖主義在後世受到奧斯定的改造，成為天主教哲學論證的基石，並為神學教義提供重要的論據。

新柏拉圖主義是西元三世紀由亞歷山卓的普羅提諾（Plotinus, ca. 205-270）發展出的哲學體系，是希臘末期最重要的哲學主張之一，對天主教神學產生了深遠影響。該學派主要以柏拉圖的學說為基礎，並融合斯多葛學派和亞里斯多德的思想，形成一個完整的體系，同時在許多地方進行了新的詮釋。

在《新約聖經》時代，哲學本身往往包含一種宗教態度，而這正是天主教會運用哲學來詮釋信仰的原因所在。這種結合宗教與哲學的思想被稱為新柏拉圖主義，它以希臘思想為基礎，創建了一套宗教哲學。新柏拉圖主義主張，所有存在皆來自一個根源，並且藉由這一根源，個別的靈魂能神祕地重返合一。同時，它強調存在層級的多樣性，認為只能被感官感知的物質世界處於最低層級，而更高層級則屬於精神或理念的世界。

新柏拉圖主義最早出現在埃及的亞歷山卓。該學派的創始人是阿摩尼阿斯．薩卡斯（Ammonius Saccas, ca. 175-242），他本身並未留下任何著作，但其學生普羅提諾成為這一哲學體系的主要發展者。普羅提諾早年在亞歷山大學習並研究哲學，後於二四三年定居羅馬。他的作品主要來自其晚年的講課筆記，並帶有一定程度的神祕主義色彩。

普羅提諾對新柏拉圖主義的發展不僅影響了第一個基督教神學體系的奠基者　利振，還藉由狄奧尼修斯的著作，對後世天主教神祕主義形式及古典基督教神學形式產生了廣泛影響，尤其是在關於上帝、世界和靈魂的學說方面。普羅提諾認為，新柏拉圖主義既是一種科學，也是一種哲學，更是一種用來淨化（Katharsis）靈魂的宗教體系。

奧斯定在詮釋神學教義時，借用了新柏拉圖主義的思想，為人類認識上帝的絕對權威奠定了哲學基礎。在皈依基督之前，奧斯定可能已經閱讀過新柏拉圖主義大師普羅提諾的著作，這些著作由彼他的維克多納（Victorinus of Pettau，約四世紀初歿）翻譯成拉丁文。新柏拉圖主義主張惡並非某種實有，而是善的虧缺，這一思想幫助奧斯定脫離摩尼教的善惡二元論，使他能理解基督教關於善惡來源的教義的合理性，因此對他的歸信基督有重要助益。

奧斯定後來聽說維克多納這位新柏拉圖主義學者也皈依了基督教，受到啟發後，他決定效法這一榜樣。在思想上，奧斯定的許多觀點明顯帶有新柏拉圖主義的色彩。他強調永恆且形上的事物，輕視感官所能觸及的現象；他重視理論性的冥思，認為其高於日常生活中實用的知識；並堅持必須透過擺脫感官的奴役來達到靈魂的淨化。

然而，從以上的敘述可以看出，教父哲學在當時已經面臨諸多困境，亟需一些新的思維突破。在此背景下，亞里斯多德主義逐漸興起，試圖將教父思想（尤指奧斯定）、新柏拉圖主義和亞里斯多德的哲學思想與基督教教義相結合。自第七世紀起，這種融合蔚然成風，並形成了一種獨特的學術傳統，即士林哲學的興起。

士林哲學的興起與發展

士林哲學（Scholasticism）源自拉丁文 schola（學校、修院）與 scholasticus（修院中的師生）。其原意指學院中涵蓋的一切學問，實際上是指中世紀學院或修院（士林）中形成的哲學與神學體系，因此也有人稱其為修院學派。士林哲學將基督宗教的教義與傳統學問融會貫通，建立了一套理性的知識體系，被稱為唯實論（Realism）。這一體系有別於以往教父哲學過於偏向理型論（Idealism）的傾向，後者因忽視現實而常處於被批評的地位。

士林哲學的核心興趣在於試圖以「理智」來說明「信仰」與「啟示」。其最大的成就，無疑是以亞里斯多德為主的形上學和哲學為基礎來探討和理解神學。士林哲學的教學方法同樣獨具特色，成為其重要特徵之一。例如在授課（lectio）時，教授們會講解古代典籍中的問題與解決方案，學生將這些內容筆錄下來，進而形成註釋（commentaries）類型的著作。此外，士林哲學經常舉行辯論（disputatio），針對重要問題從正反兩面進行深入探討。這些辯論的精華後來集結成書，被稱為「問題」（quaestiones）。

士林哲學將這種辯論模式廣泛應用於註解古籍以及解釋自己的思想，由此發展出內容豐富、包羅萬象的巨著《大全》，成為該學派的重要學術成就之一。

士林哲學的各發展階段

士林哲學的發展可分為前期、初期、中期、後期及復興期（即新士林學派）。

前期（七—十一世紀）：在歐洲文化的過渡時期（七至八世紀），阿爾琴（Alcuin, ca. 735-804）首創辯證法（dialectic），並聲稱可以用辯證法來探討啟示的內容。然而，這一時期的哲學仍未完全脫離奧斯定模式的影響。此期最著名的學者是伊利基那（John Scotus Erigena, ca. 810-877）。他主張，真正的哲學與真正的宗教毫無區別，知識應優先於信仰，理智應先於感情。然而，伊利基那以新柏拉圖主義的「流出說」（Emanationism）取代了傳統的創造說，這種觀點帶有泛神論的傾向，在當時引發了廣泛的爭議。

初期（十一—十二世紀）：安色莫（Anselm of Canterbury, ca. 1033-1109）提出著名的存有學證明法，證明天主的存在，把天主看為最高、最真實、最完善的存有；他那「我信，好使我理解」

（Crede, ut intelligas）的方法，觸及了當時問題的核心（即知識與信仰的關係）而被譽為「士林哲學之父」。他試圖以受信仰光照的理智來透視信仰的奧祕。亞貝拉（P. Abelard, 1079-1142）的名著《是與否》（*sic et non*）將辯證法用在神學上，調和了教父們對立的學說。反駁亞貝拉辯證法的伯爾納鐸（Bernard of Clairvaux, 1090-1153）是中世紀神祕主義的創始者，其神修系統以基督為中心，以謙遜為方法。此時彼得・隆巴（P. Lombard, ca. 1095-1160）系統化的《格言錄》（*Four Books of Sentences*）依救恩史順序為：一、天主，二、創世，三、救贖，四、聖事及末世。此期士林哲學最大的成就是辯證法應用的推廣和發展，如言詞錄（Sententiae）的系統化與個別問題的解決等。

中期（十三世紀及十四世紀上半葉）：由於前世紀神哲學家的成果，亞里斯多德的原著間接由阿威羅伊等人從阿拉伯文、或由莫伯克的威廉（Wilhelm of Moerbecke, ca. 1215-1286）等人直接從希臘原文譯成拉丁文。歐洲各大學如雨後春筍地成立，加上天主教苦修會的興起等因素的匯合，使士林哲學的發展達於頂峰。以亞歷山大（Alexander of Hales, 1185-1245）和文都辣（Bonaventura, ca. 1217-1274）為首的早期方濟各學派和道明學派的大阿爾伯特皆仍以奧斯定的思想為主，亞里斯多德的思想為輔，將神哲學系統化；文都辣的神學思想充滿神祕主義色彩。大阿爾伯特以學識淵博著稱，其高徒多瑪斯・阿奎那的思想開始以亞里斯多德為主，不但集士林學派思想之大成，且自成一格，體系洋洋大觀，有條不紊，從其代表作《神學大全》與《哲學大全》可以窺見。其思想影響教會迄今，是教父以來最偉大的神哲學家。在區分神哲學一點上，他的看法比方濟各學派更合乎近代思潮；他主張哲學從神學中獨立出來，但是他一直保持知識與信仰、哲學與神學間的和諧，從有限存有物到無限存有（天主）的類比概念占很重要地位。較晚的方濟各學派大思想家鄧斯・司各脫（Duns Scotus, ca. 1265-1308）以奧斯定思想路線為主，但已開始接受亞里斯多德主義。綜觀此期的神學不但努力尋求理解，且重視指導人生、關注牧靈與個人救恩的問題。

後期（十四世紀下半葉—十六世紀）：此時期的士林哲學分為多瑪斯學派、思高學派與奧坎的威廉（W. of Ockham, ca. 1285-1347）的唯名論等三派；此外，被譽為「大師」的埃克哈特（M. Eckhart, ca. 1260-1327）受柏拉圖思想影響，他塑造的神祕主義，大大影響了當時的神哲學發展。然而，此時期的士林哲學，因為漸失創造力而漸流於形式，直到奧坎的威廉的唯名論一出，加上教會與政府間的衝突、文藝復興、宗教改革等因素，使它每況愈下。

復興期（十六世紀—二十世紀中葉）：十六世紀在西班牙的首次復興，有時被稱為「新士林哲學」。此時將士林哲學的傳統應用在社會與政治的新問題上，如道明會的卡耶大努（Th. de Vio Cajetanus, 1496-1534）和巴搦（D. Boez, 1528-1604），以及耶穌會的摩里納（L. de Molina, 1535-1600）。但到十八世紀末便又式微了。

今天通常所說的「新士林哲學」是指十九世紀與二十世紀在天主教會裏的神哲學運動；它奉多瑪斯・阿奎那思想為圭臬〔故常被稱為新多瑪斯學派（Neo-Thomism）〕，亦包含文都辣、鄧斯・司各脫或蘇亞雷斯的學說。它把士林哲學的方法用在神哲學上。自從一八七九年教宗良十三世（Leo XIII, 1878 -1903）推崇多瑪斯的思想後，士林哲學的第二次復興運動（新士林哲學）便展開了。之後樞機主教梅謝（D. J. Mercier, 1851-1926）把自然科學與實驗心理學知識帶入士林哲學中；馬雷夏（J. Marechal, 1878 -1944）嘗試用康德的先驗哲學解釋多瑪斯的形上學；馬里旦（J. Maritain, 1882 -1973）從方法上區分哲學與科學，使兩者彼此相對的獨立。吉爾松（E. Gilson, 1884 -1978）從歷史研究中發現多瑪斯在中世紀士林哲學中所占的中心地位；拉內（K. Rahner, 1904 -1984）和郎尼根（B. G. Lonergan, 1904 -1984）等神學家試著將士林學派的精髓與其他思潮交談，以解答現代問題。

士林哲學的特徵

從九世紀以來，士林哲學的發展已趨成熟，其基本內容及特徵如下所述：

首先，尼西亞信經強調了天主教信仰的基本結構，也賦予了士林哲學的形上基礎：（1）關於天主聖父：我信唯一的天主，全能的聖父，天地萬物，無論有形無形，都是祂所創造的。（2）關於天主聖子：我信唯一的主、耶穌基督、天主的獨生子。祂在萬世之前，由聖父所生；祂是出自天主的天主，出自光明的光明，出自真天主的真天主。祂是聖父所生，而非聖父所造，與聖父同性同體，萬物是藉著祂而造成的。祂為了我們人類，並為了我們的得救，從天降下；祂因聖神由童貞瑪利亞取得肉軀，而成為人。祂在般雀・比拉多執政時，為我們被釘在十字架上，受難而被埋葬。祂正如聖經所載，第三日復活了，祂升了天，坐在聖父的右邊。祂還要光榮地降來，審判生者死者，祂的神國萬世無疆。（3）關於天主聖神：我信聖神，祂是主及賦予生命者，由聖父聖子所共發。祂和聖父聖子同受欽崇，同享光榮，祂曾藉先知們發言。（4）關於天主教會：我信唯一、至聖、至公、從宗徒傳下來的教會。我承認赦罪的聖洗，只有一個。我期待死人的復活，及來世的生命。

再者，亞里斯多德將哲學定義為一種「原因」的研究，認為哲學是一門「探究真實宇宙原因的科學」。相較之下，柏拉圖則將哲學定義為「理念的科學」，理念被視為一切現象的基礎原理。師徒二人雖都認為哲學是研究宇宙的科學，但其方法與重點截然不同。亞里斯多德透過研究具體事物的實質來理解宇宙，而柏拉圖則認為具體事物只是宇宙的樣本或模型，並不與宇宙本身相連。對於亞里斯多德而言，哲學研究意味著從特定現象的探討提升至實質事物的探討；對柏拉圖而言，哲學研究則是從普世理念的思考提升至對理念轉化之特定樣本的分析。

亞里斯多德的研究方式既採用歸納法也採用演繹法，而柏拉圖的方式則本質上源於先驗的原則。亞里斯多德認為「自然哲學」指的是對自然世界的研究，包括運動、光、物理定律等。這些領域在數世紀後成為現代科學的基礎，並以科學方法加以研究。然而，現代的「哲學」一詞更多地用於形上學的領域，而不再涵蓋那些以物理科學方法研究自然世界的範疇。在亞里斯多德的時代，「哲學」一詞涵蓋了所有人類知識的層面。更廣義地說，亞里斯多德將哲學與邏輯推理並立，稱邏輯為哲學的「科學」。不過，他對「科學」一詞的使用與現代的科學方法有所不同。他認為，「所有的科學（推理）要不是實際性的，就是可想像的、理論性的」。其中，實際性涉及倫理學和政治學；可想像的科學涉及詩歌與美術的研究；理論性則涉及物理學、數學和形上學的研究。

對於形上學和哲學，亞里斯多德將之定義為「對無形事物的認知」，並稱之為「第一哲學」、「理論的科學」、或「最高抽象層次的事物的研究」。此外，他認為邏輯（或稱為「分析」）是學習哲學的基本階段。亞里斯多德的哲學因此可以劃分為三個主要領域：理論的科學（包括數學、自然科學和形上學即第一哲學）、實踐的科學（包括倫理學、政治學、經濟學、戰略學和修辭學）、以及創造的科學（包括詩學）。

最後，多瑪斯．阿奎那的思想對西方哲學產生了深遠影響，他在保存亞里斯多德學派思想的基礎上，對其進行了重要的修正。在哲學領域，他最具代表性的著作《神學大全》詳細闡述了其神學系統。近年來，許多現代倫理學家主張，多瑪斯的美德倫理概念可能成為取代彌爾（John Stuart Mill, 1806-1873）效益主義學派的一種選擇。多瑪斯的思想脈絡主要受兩大思潮影響：士林哲學與亞里斯多德主義的交融，以及不同於修道主義、更加重視福音使命的信仰實踐。士林哲學標誌了一種時代觀念，是一種科學（scientia）形式，具有三個主要特徵：（1）對傳統與權威的尊重態度；（2）以審慎明辨的態度，經由查考、論證和理性判斷（ratio）來權衡和分辨傳統及著述，這符合「尋求理解的信仰」（Fides quaerens intellectum）的準則；（3）強調系統化和教學法的知識準備，知識不再是神祕經驗或先知啟示，也不再透過「苦修－淨化」的方式完善心靈，而是可以被客觀獲取與傳授（Wissensaneignung）。這種授課與學習的操作方法，使知識變得普遍可理解和可檢驗。

理性與信仰，乍看之下，似乎是對立的兩極。然而，多瑪斯終其一生都在嘗試調和這兩者：理性以亞里斯多德的哲學形態為基礎，信仰則有意識地回歸福音最真實的訊息。在基督教的第一個千年中，新柏拉圖主義對其影響深遠，尤其透過奧斯定的介紹，使得此岸與彼岸的世界觀，以及靈與肉的二元論主導了整個基督教界。幸運的是，十二、十三世紀亞里斯多德思想的承繼（Aristoteles-Rezeption）為基督教提供了另一種世界觀與人觀。例如，多瑪斯的大學同事、方濟各會的文都辣承襲奧斯定的傳統，主張人類獲得任何知識都必須依賴上帝的光照（illuminatio），並因此輕視人類與生俱來的求知慾（curiositas）。對此，多瑪斯並未進行無謂的爭辯，而是接受亞里斯多德《形而上學》的基本假設：人生而求知。多瑪斯認為，求知是自明的事實，獲得自然知識並不需要上帝的特殊光照，因為人類的理性本身就是自然之光，足以認識自然界的事物。然而，對於屬靈真理而言，人的自然理性是有限的，因此需要上帝的恩典與光照方能完全領悟。在知識論、形而上學、哲學人類學與神學人類學等領域，多瑪斯為教會帶來了無可估量的貢獻。

中世紀的阿拉伯哲學

東方伊斯蘭世界的代表人物：（1）肯迪（Al-Kindi, 801-873），第一位走希臘路線的阿拉伯人。（2）法拉比（Al-Farabi, 872-950），將希臘的邏輯學帶到回教世界。（3）伊本・西那（阿維森納），波斯貴族。以新柏拉圖主義為學說中心，來解釋亞里斯多德思想。形上學：阿拉是宇宙的根本及世界的創造者，是神學與哲學的最終歸宿。他以宇宙的秩序，由果推到因的法則證明神。秩序是善的，掌管宇宙秩序的神也是善的。因此，阿拉的特性是唯一、單純、永恆，且是最終原因。人是由神所造，人有肖似神明的靈魂，人的靈魂總是不死不滅的，但靈魂與肉體結合後，人的命運就被決定了。方法論：以斯多葛的辯證法及亞里斯多德的邏輯學為主，另外一方面走柏拉圖辯證法，一方面走亞里斯多德的知識論。貢獻：藉著他將柏拉圖及亞里斯多德思想做為阿拉伯宗教哲學的入門，而使基督教引入這種來自伊斯蘭的哲學方法。

西方伊斯蘭世界的代表人物：（1）伊本・巴哲（Ibn Bājja，又稱 Avempace，一〇八五—一一三八）發展了知識論。他認為知識從動物開始，經由人到神，構成整體知識的階層。越低層的知識，主體與客體的距離越大；越高層的知識，主體與客體的距離越小，最高的知識則是主客合一，這種最高知識等同於最高存在，進入本體論。（2）伊本．圖費勒（Ibn Tufayl，又稱 Abubaur，一一〇五—一一八五），伊本．巴哲的弟子，致力於統一信仰與知識的問題。他認為信仰的知識屬於理性範疇，理性可以認識信仰的一切，是主知主義的巔峰。他主張知識的最終仍是知識，並且信仰與本體最終合而為一。（3）伊本．魯世德（阿威羅伊），聯結了柏拉圖與亞里斯多德，並以新柏拉圖主義為基礎進行發展。他認為我們無法以感官世界的尺度衡量觀念，因此哲學研究走向神祕主義。他提出存在的階層，以神明為最高，下為不純粹的神，再下為人的靈魂，最下為感官世界，價值層級亦然。人性同時具有神性與物性，神性構成靈魂，物性構成肉體，二元結合於一元之中。他將理性分為主動性（Intellectus Agens）與被動性（Intellectus Possibilis）：被動性對應感官世界的認識，具有模仿能力；主動性對應精神世界的活動，具有創造能力。在形上學方面，他以亞里斯多德的不動的動者解釋柏拉圖的至善觀念作為最終原因，主張泛心神（不主張泛神論），並提出雙重真理的理論。

導讀

近代哲學與世界哲學史

林遠澤（政治大學哲學系教授）

在一般的哲學史中，「近代」的概念與範圍原即不易界定。考慮到各民族不同的文化發展進程，要界定出一個能在「世界哲學史」中交疊共在的「近代」，無疑又更為困難。世界哲學史的近代篇，應如何選定敘說的範圍與內容？使其論述不但具有內在連貫的邏輯，更能在擺脫特定地域（或民族）中心主義思考的侷限下，針對人類心靈共同關注的議題，進行哲學思考的歷史反思？這些問題並不容易回答。然而，意識到世界哲學史的寫作，必然面臨這些無法避免的難題，卻是我們在閱讀本書近代篇（第六冊與第七冊）之前，必須先了然於胸的。否則，乍看之下，我們不免會感到困惑，本書何以在一個強調理性啟蒙、高舉思想與實踐之人類主體性地位的時代中，特別凸顯「人類情感論」在十八世紀啟蒙運動中的核心地位，並在法國「唯靈主義」之後，將強調自我養成的「習慣論」發展視為十九世紀追求自由實現的最後出路。本叢書的「近代篇」顯然並非僅對過往流傳下來的哲學文本進行排比與整理，而是對構成吾人當前生活所在之現代世界的「現代性」，進行一種跨越邊界的批判。它代表的是，日本學者從開放的邊陲地帶出發，帶著「日本視角」向西方中心主義發起打破文化藩籬之世界化思考的可敬努力。

近代哲學史的書寫模式

眾所周知，黑格爾（Georg Wilhelm Friedrich Hegel, 1770-1831）主張哲學史就是哲學本身。在他的《哲學史講演錄》（*Vorlessungen über die Geschichte der Philosophie*, 1837）的影響下，十九世紀以降，近代哲學史的書寫蔚然成風，並主要形成兩種不同的書寫模式：一種是發展史的論述，一種是問題史的論述。黑格爾的《哲學史講演錄》正是前者的代表，在這部書中，他分成三部分來討論近代哲學。第一部分從側重科學研究方法論（《新工具論》）的培根哲學談起；接著在他稱為「思維理智時期」的第二部分中，主要剖析了傳統的理性主義、經驗主義、懷疑論與法國百科全書派等思潮；然後在第三部分，集中討論以康德為主的「最近的德國哲學」。其後較具代表性的哲學史家約翰・愛德華・埃德曼（Johann Eduard Erdmann, 1805-1892），也與黑格爾大致相同，在他的《哲學史綱要》（*Grundriss der Geschichte der Philosophie*, 1866）中，區分成三個時期來處理近代哲學的發展。而以九卷本的篇幅來展現《近代哲學史》（*Geschichte der neuern Philosophie*, 1854-77）的庫諾・費舍（Kuno Fischer, 1824-1907），則是分別就笛卡兒、史賓諾莎、萊布尼茲、康德、費希特、謝林、黑格爾、叔本華等哲學家的生平與著作，詳論他們對於近代哲學思想的重大影響。

與此不同的則是問題史的論述，這種寫法最具代性的哲學史家無疑即是文德爾班（Wilhelm Windelband,1848-1915）。在《哲學史教程》（*Lehrbuch der Geschichte der Philosophie*,1891）中，他對於近代哲學史中的「啟蒙運動時期的哲學」，主要從「天賦觀念」、「對外部世界的認識」與「自然宗教」等三個面向，來討論當時主要的理論哲學問題；並從「道德原則」與「文化問題」兩個面向，來探討當時的實踐哲學問題。在專門討論十九世紀哲學之前，他將介於十八世紀末與十九世紀初的「德國哲學」視為獨立的一章，並分別從「認知對象」、「定言令式」、與「自然的合目的性」來探討康德三大批判的核心議題；再從「物自身」、「理性體系」與「非理性的形而上學」等議題，探討德國觀念論的思想發展過程。而對於十九世紀哲學，文德爾班則聚焦在「靈魂之爭」、「自然與歷史」與「價值問題」。而這種問題史的寫法，同樣體現在卡西勒（Ernst Cassirer, 1874-1945）的哲學史研究中。在其著作《在近代哲學與科學中的知識問題》（*Das Erkenntnisproblem in der Philosophie und Wissenschaft der neueren Zeit*, 1906-1920）中，他以知識問題來闡述近代哲學的發展；而在《啟蒙運動的哲學》（*Die Philosophie der Aufklärung*, 1932）中，他更分別針對當時的自然科學、心理學、宗教、歷史、法律、美學等問題的發展，進行了詳細的討論。

從發展史的觀點來看，許多哲學史家將十七世紀納入近代哲學史的範圍，原因在於近代哲學非常緊密地承接了科學革命以來的理性主義傳統，並以自然科學作為人類獲得具有必然性與真理性之知識的研究典範。在演繹法與歸納法這兩種科學方法的引導下，理性主義著重於為知識系統的演繹，找到自明的前提。在十七世紀的笛卡兒（René Descartes, 1596-1650）以「我思故我在」作為知識不可懷疑的確定性基礎之後，理性主義哲學家更持續深入探索，吾人之所以能認知外在世界的先天根據。相同地，自洛克（John Locke, 1632-1704）以來，由於著重於透過經驗歸納以得到有關事實問題的新知識，經驗主義哲學家特別重視透過感官知覺所得到的經驗知識，以確保我們的知識具有事實基礎。自十七世紀以自然科學作為哲學研究的典範之後，十八世紀的啟蒙運動便理所當然地，將科學的合理性視為人類理性的本質，從而使宗教信仰（甚至道德信念）遭到強烈質疑。以狄德羅（Denis Diderot, 1713-1784）為首的「法國百科全書派」更為激進地邁向將人類心靈理解為機器運作的唯物主義觀點。拉美特利（Julien Offray de La Mettrie, 1709-1751）所寫的《人是機器》（*L'homme Machine*, 1747）即是這一時代的代表作之一。

啟蒙運動與德國哲學的思想發展

在法國的啟蒙運動中，機械唯物主義的世界觀，將建立在宗教神聖權威之上的傳統社會徹底除魅化，他們被視為當代真正進步的自由思想，而全然不覺他們所持的其實正是一種受因果必然法則所決定的世界觀。但這種弔詭卻未減其魅力。然而，這種內在的弔詭終至引發當時僻處海島一隅的蘇格蘭啟蒙運動的反彈。蘇格蘭啟蒙運動思想家強調道德情感對於人性的重要意義，並與盧梭提倡人應自律的教育理念相呼應，他們共同啟發了康德展開「批判知識，以為信仰留餘地」的理性批判工作。康德透過提問「先天綜合知識如何可能？」進而指出我們在自然科學的研究中，之所以能獲得擴大我們經驗內容的必然性知識，既非單純來自於知性的演繹或經驗的歸納，而是基於先驗主體提供的來自於先天時空表象與純粹知性概念（範疇），對感性的經驗材料進行統一。正因如此，我們得以構成經驗的對象，並成就我們的經驗知識。康德在此不僅綜合了理性主義與經驗主義的哲學洞見，更借助對人類知性之自發性機能的發現，確立了人類面對現象世界的主體性地位。依據康德的先驗哲學，人類之所以能夠認知現象世界，正是因為人類的精神活動建構了對象存在的實在性基礎。承載現象世界存在的基礎，自此不再是吾人不可知、某種作為「物自身」的實體，而是建立在我們人類自身的主體性。

康德在十八至十九世紀之交推動的哥白尼革命，不僅在知識論上推動了從「對象使知識成為可能」，轉向「知識使對象成為可能」的哲學革命，它同時也推動了從強調追求幸福的效益論，轉向強調道德自律之義務論的倫理學革命。對於康德而言，道德行為的可能性並非來自理性自利的愛好滿足，而是透過行為格律的可普遍化來決定行動的意志本身，從而使道德行為成為可能。道德自律所表現出來的實踐理性的自我立法，乃是一種要求道德行動應無條件地實現出來的自由決定。人類的知性主體建構了我們認知活動所能及的現象世界，但對於人類知性所不可知的物自身，則僅能透過道德的自律，才能在實踐理性的自我立法中，呈現出使現象系列得以產生的自由因果性之真實存在。康德在此推動的實踐理性優位於思辨理性的哥白尼革命，確立了實踐理性之自由主體性的正當性權利，它要求應然的行動世界必須無條件地得以實現。

這一革命不僅主導了德國觀念論哲學在十九世紀的發展，也為十九世紀的社會革命提供源源不斷的道德動能。

在十九世紀德國觀念論後續的思想發展中，黑格爾的《哲學科學百科全書》與《法哲學原理》得以成為當時的思想高峰，乃是透過回顧《精神現象學》中，精神在其真實的歷史實現中，不斷進行辯證反思所留下來的過站而達致的。因此，黑格爾的《哲學科學百科全書》已不再是啟蒙時代的「百科全書派」的合著，而是黑格爾一人獨力完成的體系。在這個籠罩一切知識的哲學體系中，我們已經不是從個人的觀點來看世界，而是從絕對精神的自我反思來看其自身所創造的全體世界。而在《法哲學原理》中，黑格爾將古代自然法所強調的倫理共同體，與近代自然法所強調的個人主體性，統一在現代國家的有機團結中。國家作為使每個人的主體自由都能實現的有機體，等同於是一個「行走在地上的神」。對黑格爾而言，哲學如同在黃昏時才起飛的「密納發的貓頭鷹」，意在思想中把握一個已實現所有理念的時代。而這也意味著，哲學體系一旦完成，被它在思想中掌握的時代亦將消逝。就此而言，黑格爾的邏輯學存有論終結了啟蒙運動，因為他再次將我們帶回到上帝以其詞語創造世界的「太初有道」。我們只有透過黑格爾的哲學體系，才能知道上帝如何「說要有光，就有光」，而不再依靠理性的自我光照來實踐人類的自我啟蒙。然而，這一封閉的形上學體系隨即引發後繼哲學家的挑戰。他們從盲目的生命意志（叔本華、尼采）、社會生產的物質鬥爭（馬克思）、甚或自然之無目的性的進化

（達爾文）等非理性的因素出發，對黑格爾的體系展開批判，而這正構成了十九世紀後半葉哲學發展的主要內容。

問題史的寫法與發展史的寫法其實是互補的，但在發展史的研究基礎上，問題史的寫法更可以凸顯哲學與其時代、以及哲學與其它學科之間的關係。從十八世紀與十九世紀的時代背景來看，十八世紀的啟蒙運動追求自由與平等的理念，催生了法國大革命與美國獨立革命。此後，人類對於自由與平等的追求被明文納入憲法與國際公約之中。近代哲學在此扮演了重要的角色，例如被譽為現代政治學之父的霍布斯（Thomas Hobbes, 1588-1679）與現代經濟學之父的亞當・史密斯（Adam Smith,1723-1790），他們主要都借鏡物理學的科學方法，試圖將政治學與經濟學建構為一門科學，用以證成或指導當代政治與經濟系統的運作。類比於牛頓（Sir Isaac Newton, 1643-1727）透過「動者恒動」、「靜者恒靜」、「作用力等於反作用力」等三大定律來揭示自然世界的運動規律，霍布斯在政治生活中找到對死亡的恐懼，史密斯則在經濟生活中找到人類的自利心，來解釋在政治與經濟系統中持續不斷推動人類行為的基本動力。

在啟蒙運動的哲學思考影響下，資本主義市場經濟與科層官僚制的國家統治構成了吾人現代生活之主要制度基礎。德國社會學家韋伯（Max Weber, 1864-1920）因此提出了「現代化就是理性化」的主張。依據韋伯的觀點，存在於現代性中的「西方理性主義」（Okzidentaler Rationalismus）概括來說，即是指一種依據價值中立的科學—工具合理性，以對自然法則以及人類的社會行為進行合理可計算之數字化管理與控制的一種思想文化。透過合理化的過程，西方現代社會成功建立了資本主義市場經濟與官僚制國家制度，我們此後並據此來衡量一個民族或國家是否已經邁向現代化。西方現代性的正當性基礎，因而可說是建立在近代的哲學思想之上。

日本視角的突破性與獨特性

本書對於近代哲學史的斷代範圍，主要以十八世紀的啟蒙運動與十九世紀的德國哲學為界限。相較於上述近代哲學史的兩種寫法，本書在近代史的論述上展現了獨特架構。一方面，它看似採取發展史的論述，將近代哲學主要劃分成討論十八世紀的啟蒙運動哲學（第六冊）與討論十九世紀的德國哲學（第七冊）。但究其內容，卻主要以在這兩個時期中，有關情感、宗教、歷史、自由與國家等議題的問題史討論。據此，我們自然會疑問，為何本書會選擇這些研究議題？這些議題之間是否具有某種內在的思想邏輯？當我們試圖理解這些問題時，會發現本書之所以不單是一種發展史的論述，因為所謂「世界哲學史」的討論在過去並未發生過。過去有關哲學史發展的討論，大都只能針對某一地區或某一民族文化的哲學發展過程。而要在世界哲學史的視野中，進行近代哲學之發展史的論述，在原則上似乎是不可能的。而若從問題史的論述來看，我們也不太能理解這部書的寫法，因為很顯然的是，其實大部分的哲學議題（如同本書所選擇的議題），若放在世界哲學的範圍內，其實都很難期待它們能引起不同文化的共鳴，進而成為在世界哲學史中能被普遍討論的共同議題。

一種具有內在邏輯發展之世界哲學史的論述如何可能？這正是我們在開始閱讀本書時需要理解的問題。針對這個問題，我們好像又得求助於黑格爾。因為他可說是第一位從世界歷史的觀點，系統性地探討人類精神發展的哲學家。黑格爾為理解人類文明發展的內在邏輯，的確展開了世界哲學史的研究，但他對世界哲學史的研究，已經太過簡化到獨斷的地步。他斷定東方沒有哲學，所以真正的哲學史，只要從古希臘講起就可以。可見對黑格爾來說，不僅哲學史就是哲學本身，而是西方哲學史就是世界哲學史本身。這是一種「沒有世界哲學史可言」的世界哲學史觀點。

受到反對黑格爾最力的叔本華影響，多伊森（Paul Jakob Deussen, 1845-1919）則提出了不同的看法。他認為若哲學即是對於事物之本質的研究，那麼我們對於哲學史的研究，就不能僅侷限於西方哲學史，而應成為一種《特別關注於諸宗教的普遍哲學史》（*Allgemeine Geschichte der Philosophie unter besonderer Berücksichtigung der Religionen*, 1894ff.）。在這部《普遍哲學史》中，作為當時印度學權威的多伊森，以三冊的篇幅探討了源於印度的吠陀、奧義書、佛教，以及日本與中國的哲學；並在討論西方中世紀哲學之前，先行討論了埃及、巴比倫、亞述、希伯來、伊朗等地區的哲學。即使這已經是最廣泛地涵蓋了各地區的哲學史論述，但他還難以稱得上是一部世界哲學史，因為它最多也只能將世界各國的哲學史分冊並列，而無法針對共同的哲學議題進行世界史的討論。

綜上所述，《世界哲學史》的編者群，無疑早已充分理解撰寫一部世界哲學史的困難。因此本書的作法是從獨特的「日本視角」出發，以建構一種能引發共鳴的「世界哲學史」。正如納富信留教授所言：「自十九世紀中葉起，日本開始引進西方哲學，成為東亞地區最早接受西方哲學的國度，並且以西田幾多郎等思想家為代表，創造了獨特的日本哲學。同時，日本也深受自古流傳的儒教、道教、佛教、神道等東亞傳統的影響，這種多元背景賦予了日本在思考和傳播『世界哲學史』時的獨特優勢。」（第一冊，序章）日本由於過去閉關鎖國的歷史（中國亦然），長期處在世界史的邊陲，但正如山內志朗教授所言：「邊境並非流動的終端，而是與外部交界的臨界點」，而哲學作為一種「源於邊境意志的知識形態」（第九冊，第一部第二章），正是要求我們應驅動精神去超越現實之限制的一門學問。就此而言，從處於邊陲地帶的「日本視角」出發，反而顯得更具有打破各種民族文化之中心主義藩籬的正當性。

而對於所謂近代哲學史的「近代」，中島隆博教授則特別強調，我們不應僅從時間的斷代來看它，而是應將它看成是一種用來將自我區別出來的、對於古老事物的新態度（第九冊，第一部第三章）。在這個意義上，負責規劃近代篇的伊藤邦武教授主張，不應再依據西方哲學史的標準，將西方科學革命以來那些被「政治與社會的歷史發展視作思想上的優勢」的哲學史觀點，作為選擇近代篇討論主題的依據。而是應從「超越西方框架的廣闊視角出發，透過對文明霸權的內在批判，探求人類本性與靈魂應有的普遍性」之議題。因此，伊藤教授在近代篇的前言中指出：「若我們將目光轉向同一時代的非西方世界，便能發現那些與追求普遍性視角的思考產生共鳴，並試圖共享問題意識的思想運動之具體樣貌。本冊正是基於這一理解，嘗試梳理此時期全球各地的哲學動向，探索思想上多種共鳴的契機。」這些解釋非常有助於為我們找到閱讀本書的正確途徑。

基於「日本視角」的世界哲學史觀點，本書編者對於近代篇的選題展現了獨特的見解。他們並未對理性主義與經驗主義在知識來源的探討上多所著墨，甚至將其放入中世紀篇的巴洛克時代加以討論；對於康德與黑格爾的龐大哲學體系，也僅點到為止。相反地，近代篇卻用了相當大的篇幅，探討啟蒙時期的情感理論以及鮮少出現在十九哲學史論述中的法國唯靈主義。相對於黑格爾與文德爾班這些代表性的西方哲學史家，特別強調近代哲學在意識哲學研究典範中的知識批判問題，本書近代篇則聚焦於啟蒙運動中的情感哲學問題，與十九世紀的唯靈主義哲學。其主要的考慮在於，在這個時期的中國、日本、印度與伊斯蘭的思想發展中，並未特別重視以科學理性為主軸的理性化現代性，而是更重視人的情感及與自然和諧共存的問題。因此，從世界哲學史的觀點來看，儘管西方哲學史過往高度重視理性主義、經驗主義與德國觀念論的哲學思想發展，但這畢竟都只是以西方為主的文化發展歷程。將這種文化視為世界的主導，對人類文明來說，不見得都具有正面的價值。

再者，本書的突破性體現在於，將十八世紀的近代哲學史討論延展至清朝的戴震（一七二四－一七七七）、以及日本江戶時期的伊藤仁齋（一六二七－一七〇五）與荻生徂徠（一六六六－一七二八）的情感哲學。這種視角凸顯出，儘管西方近代啟蒙運動中理性被放在優先的地位，但從世界史的觀點來看，由蘇格蘭道德情感論所開啟的情感哲學討論，恐怕才是對今天的當代世界更為重要的思想資源。而本書對於十九世紀的哲學亦然。儘管在康德與德國觀念論的主導下，知性的自發性與道德的自律，肯定了人類高於自然的主體性地位。但若人類自視為高於自然的存在，就可能在過度商品生產與適者生存的天擇觀點中，落入到極為殘酷的生存競爭之中，從而危及人與自然的永續存在。這種脫離自然與習性的自由主體性不見得會給人類的歷史帶來正面的發展，那麼我們重新反思在這個時期中法國與印度的唯靈主義，或許反而才是一種更有世界史視野的哲學思考。

台灣視角的反思與參與

我們無疑應高度贊賞這種出自「日本視角」的「世界哲學史」建構，本書的近代篇因而特別值得一讀。不過，我們仍有幾點不安之處：

（一）的確，在西洋近代哲學史的主流論述中，科學理性被過度強調，但這種反啟蒙的批判，卻不一定得在世界哲學史的視野中才會出現。相對於啟蒙運動，在西方哲學中一直有很強的反啟蒙傳統。但這種反啟蒙的傳統，並不見得都只聚焦在情感哲學或唯靈主義的觀點上。強調應在世界哲學史的視野中，對於西方主流的理性主義進行批判，反而可能會忽略對西方反啟蒙思潮的深入研究。

（二）在納入世界哲學史的視野，以選擇出能獲得共鳴的哲學議題時，其實也難免會割離了這些非西方哲學家在其所處文化傳統中的位置。例如，以戴震為例來說明啟蒙運動時期對於情感哲學的共同關注。但若我們回到清代反理學的脈絡，戴震卻反而會被認為是一位代表啟蒙運動之理性主義的哲學家。因為從胡適的觀點來看，戴震的訓詁學正代表中國近代科學實證主義的興起。這與本書賦予戴震在世界哲學史中的地位，正好是完全相反的。

（三）從著名的亞當．史密斯問題來看，史密斯所以從《道德情感論》轉向《國富論》，顯見他早已意識到，利他的道德情感並不足以提供人類社會團結互助的基礎，相反的，透過追求自利的理性計算所形成的資本主義市場經濟，才能最大限度地促成個人的自由與國民生活的幸福。就此而言，如果我們要訴諸在城市生活興起後，市民階級需要正當化他們對於個人享樂的追求，以致於強調情感的重要性，那麼這種意義的近代哲學史批判，並不足以批判現代性的弊病，因為這種對個人情感的肯定，本身其實就是構成西方現代性的一個組成部分。

我們提出這些問題給讀者參考，並不是意在批評。而是要表示，台灣讀者當然也可以從自己的「台灣視角」，在閱讀本書的過程中，共同參與本書正在進行中的世界哲學史建構。而我相信，這正是這套書最值得閱讀的意義所在。

導讀

哲學多樣性的世界圖像

黃冠閔（中央研究院中國文哲所研究員兼所長）

由伊藤邦武、山內志朗、中島隆博、納富信留四位日本學者領銜主編的《世界哲學史》，全九冊，於二〇二〇年由筑摩書店出版。四位主編學者的專長涵蓋古希臘哲學、中世紀經院哲學、中國哲學及分析哲學，而邀集撰寫各章的學者也都是各領域的專家。從整體規劃來說，這套《世界哲學史》展示了日本當代學界在哲學研究上的宏觀視野，也反映出日本學者在專家與專題研究上的深厚實力。更重要的是，日本學者藉由這部哲學史探問並回答下列問題：從二十一世紀的角度，應該如何盤點哲學研究的發展，並開展面向當代與未來的哲學課題？

哲學史的核心課題即批判的歷史認識

在今日的時代處境下，哲學知識的回顧是對人類共同處境、存在條件的反省。哲學史作為一種知識，既要求一種對哲學多樣性的認識，也必須具備歷史的理解能力。基於哲學的反省，特定的歷史安排往往反映著某種哲學立場，對於既定的歷史秩序，不能照單全收，而是需要抱持批判的態度。但即使如此，批判並不意味將一切歷史都放入括號，而揚棄任何可能的歷史框架。在各種史觀相互衝突和對抗的處境下，我們早已見識到「哲學史」乃是依據特定立場與歷史觀編纂而成的。因此，批判態度下的歷史認識本身就是哲學史撰寫時必須面對的課題。

日本學者在二十一世紀初集結學術力量編纂的《世界哲學史》，同樣需要放在這樣的框架下閱讀。這種情況當然不是特例，一部以英語寫成的哲學史同樣反映撰寫者的立論框架，而當這樣的英語著作被翻譯為其它語言時，不僅特定的哲學知識得以傳遞，此種立論框架也同時被隱然地傳遞。那麼，當我們習慣於在某一特定觀點下敘述和傳遞哲學的歷史時，也自然習慣以此觀點來提出問題、蒐集相關論點、進行詮釋、展開論證並尋求解答。這種情況同樣適用於德語或法語著作的哲學史。人類的巴別塔意象彰顯的是語言的歧異分散，而若是不懂某一種語系，就難以鞭辟入裡地理解該語系所呈現的哲學視野。語系之間的切換，既然提示著語言轉換所蘊涵的視角轉換，而翻譯的中介也就扮演著這種轉換器的角色。

因此，在翻譯轉換的前提之下，我們不僅應將這套《世界哲學史》當作知識吸收的來源，更應將其放置在翻譯的平臺上，從多語情境來觀察日本語如何在哲學世界中定位自身的哲學史視角。令人感到有趣的是，此套書背後的日語脈絡，當然關連到十九世紀末日本學界自西周、井上哲次郎等人引入西方哲學之後，大量吸收哲學的各種流派、分枝到各個歷史時代等一百多年來的發展。當中國學者透過日本認識到哲學的世界，像是梁啟超、蔡元培，或是台灣學者如曾天從、洪耀勳直接到日本學習哲學，奠定哲學基礎，乃至到徐復觀也透過日文資料吸收哲學新知，以上種種與日本哲學發展交錯的情況，在漢語世界中有著不可否認的影響。然而，重視翻譯的條件，並不是只為了停留在語言現象上，更不是受限於語言決定論的立場。相反地，這是為了更清楚的認識到我們以漢語理解哲學的立足點與自身語言的處境。閱讀這樣一套翻譯的《世界哲學史》，或許可以在腦海中繪製一幅多語圖像。這樣的圖像不僅涵蓋從日語到漢語的翻譯，更有背後交織在哲學史過程中的希臘語、拉丁語、德語、法語、梵語、義大利語、西班牙語，而且不能忘了還有古代漢語。當日本學者翻譯並制定哲學詞彙時，以漢字為基礎將許多概念鑄造為日語脈絡中的標記，而我們在接觸和製漢語時，或許不會意識到其中的語感差異。

從翻譯平臺來審視哲學的多語性，有助於我們掌握所謂「世界哲學史」本身所蘊涵的多樣性。儘管作為「愛智之學（希哲學）」的哲學是源自希臘的字彙，而典型的哲學也被認為起源於希臘，但從世界的角度看，哲學「思想」未必只有單一起源。在歷史脈絡的縱貫陳述中，多重起源的分歧清晰可見，而這種分歧是否動搖了對「哲學」身分與同一性本身的認識，相關爭論仍在持續發酵中。

事實上，不論是在何種軸心或是地域系譜中，歷史的發展總是在不斷變化中產生分裂、歧異與交織，並持續背離固定的同一性。這種多元性或多樣性並非僅僅是「歷史事實」的紛雜現象，而是哲學本質的一部分。即便是講究哲學體系者，也不得不承認歷史中多樣哲學體系的存在，即使是同一類的哲學模型（某一主義、或某一學），也都隨著此基本模型產生變化與重組。

探索「世界哲學史」以重構思想的起源

因此，「世界哲學史」這一提法未必是固定的概念，而更像是一種提問；藉著探索「世界哲學史」概念的成立與否，重新構築一套思想的起源，或者是連結到當代視角的多種起源。這是一種邁向概念創造的思想實驗，卻不是憑空想像的幻想冒險，而是立足於多重的歷史事實、思想材料與概念群組，為變換視角的解放與重構提供可能性。無庸置疑，這樣的「世界哲學史」充滿了各種內部衝突與互異觀點的拉扯。然而，如果身處當代的我們不能深切體認到這些徹底的多樣性，就無法站在哲學的邊緣與前沿上，探索繼承傳統及開創未來的可能性，也無法意識到「世界」究竟是如何成立的。換言之，雖然「哲學史」陳述了哲學的歷史發展，但在橫向的多樣性跟縱向的歷史連續性之間，始終迴向著哲學工作者自身的當代性。「世界」、「哲學」、「歷史」這三者的串連絕非理所當然的，也不是預先的規定。我們必須將這三者的可能串連當作一種思想挑戰。這樣的挑戰，未必要比面對當前人類處境來得容易。

就第八冊的主題「現代篇：全球化時代的哲學」來說，其當代性無疑十分明顯，但不僅止於此。本書的斷代從二十世紀開始，要回顧剛剛過去的一個世紀並非易事，首要的挑戰應該是「現代性」這一概念的探討。首先須說明的是，日本脈絡下的「近代」、「現代」的意義有別，「近代」指的是modern，而「現代」反而是contemporary；以漢語來對照，我們習慣將modern稱為「現代」，而contemporary則是「當代」。因此，所謂「現代篇」或許更該理解「當代哲學」才合適。當然，此處的問題不在於哪種語詞有合適的對應，而在於這一時代的哲學究竟有什麼特殊性。眾所周知，日本自一八六〇年代明治維新以後，「哲學」這一概念才被正式引進，並逐漸發展為建制化的知識。類似的情況也發生在清末，從變法維新到一九一一年辛亥革命推翻帝制、建立共和，西式學問改變了舊有的「經學」、「道學」、「理學」等傳統詞彙的思考。這是發生在日語與漢語脈絡下的「現代性」，而在漢語脈絡中，「哲學」的成立早已承受此種現代性的衝擊，儘管往往以西方現代性來稱呼。

這種歷史的斷裂感，使我們在面對二十世紀的「當代」時，必須加入多層次的「皺褶」。地理意義上的思想板塊衝擊是決定性的，「自西而東」或「西學東漸」都隱含著具體的歷史性和地理性內涵。現代性的知識建制決定了「哲學」作為一個有術語、論述權力的體制知識；或者更簡單地說，隨著大學體制的建立，哲學成為大學裡所教授的一門學問。在東亞各國，完全是仿照西方大學體制而建立起學制，並建立起與西方、「世界」接軌的論述。對於中國哲學、日本哲學、韓國哲學的重構，也是基於此種論述而採取的必要手段。相對地，知識分子若按照傳統固有知識體系而對「哲學」有所抗拒，也是同樣基於此種歷史斷裂而產生的反應。考慮到這樣的背景皺褶，或許能讓讀者在閱讀本書時，可以對照背景而有不同的思考策略。

同時代性：東亞視角中的現代哲學取樣

回到二十世紀的「當代」場景，當西方歐美哲學以各種激進方式面對乃至背離其傳統，從而創造出多元分歧、乃至相互對抗的論述方向時，「急起直追」的亞洲知識分子在吸收此一時期哲學的過程中，實際上處於兩種「同時性」。一種「同時性」是見證並參與著正在發展中的思潮。即使有著數年到數十年的落差，但這種思潮的激烈演變幾乎不可避免地將東西方的知識分子捲入其中。如果不是真的在思想上同步而成為「同時代人」，那至少在戰爭動盪、科技發展、意識形態對抗等各種「當代」指標的時代意義下，有屬於此一時代的「同時代性」。

另一種「同時性」則表現在面對自身傳統時的揚棄與重新轉化，在某些時刻，亞洲的哲學研究者與其所研究的對象共享著一種「同時代性」，是跟她或他的傳統站在一起的。這後一種「同時代性」反而是跟前一種「同時代性」有著時代落差的。帶著這樣的差異化考量，我們可以更深入地討論本書的題材挑選及其內在的學術意義。

在本叢書「現代篇」的十章安排中，有屬於英美哲學的分析哲學、德法的歐陸哲學兩章，以伊斯蘭哲學為主的兩章、中國哲學一章、日本哲學兩章、非洲哲學一章，另外還有一章是跨越地域的女性主義與性別議題，最後的終章〈世界哲學史的展望〉則是整套書的結論。從比重與取樣的角度來看，特別值得注意的是以專門一章來探討女性主義與性別議題，而伊斯蘭哲學雖占兩章之多，但其中一章是藉由井筒俊彥的伊斯蘭哲學研究切入東洋哲學的議題，進而鋪陳東亞思想的框架。相比之下，佛教哲學篇幅較少，其內容鑲嵌在西田幾多郎、牟宗三與分析亞細亞哲學的討論中，並在儒學及佛學的對照脈絡中出現，不可諱言，佛學對於東亞的哲學思考仍有不可忽視的影響。

另一方面，猶太脈絡並未特別凸顯，只有在胡塞爾與海德格脈絡中，見到納粹發動戰爭作為歐洲的不安（詳見《世界哲學史9》中有討論現代猶太哲學的專章）。至於後結構主義與後現代主義，則圍繞二次大戰後的歷史場景展開討論；就此點來說，本書關於歐洲哲學的兩章隱然以二次大戰結束作為分水嶺。這種時代斷裂對於中國哲學來說極為關鍵，對於日本與韓國的哲學發展也有其關鍵性。然而，戰爭與流亡的角度並非本冊面對動盪不安的二十世紀所提取的經驗；或許，沒有流亡即是一種日本經驗。若是加入斷裂性的視角，對中國哲學的描述及取樣可能會頗為不同。最後，非洲哲學獨立為一章，確實有洞見，而這毋寧是對西方中心主義的批判根據之一。不過，殖民經驗或是解殖的觀點不只在非洲哲學中有關鍵地位，在拉丁美洲哲學中應該也極為關鍵，甚至從台灣到東南亞的哲學實踐，也跟（解）殖民主義有一定的糾纏。

章節安排無疑就是取樣與篩選的結果。面對幅員廣大的世界、新潮的思想與錯綜複雜的歷史，任何取樣分析都難免有所疏漏。然而，這種疏漏並非應被質疑或批評，因為取樣的本身就是世界、哲學、歷史三者交互作用下的綜合效應。從二十世紀一直到今日（顯然，書後年表的對照，一直列到二〇二〇年），這三者所構成的當代圖像必定需要有所對焦。重點是，哪些焦點被篩選出來，並作為不可或缺的論題呈現。細心的讀者在閱讀時，或許可以觀察到自己關注的焦點、期望讀到的重點跟本書所呈現的焦點之間有哪些出入之處。

從閱讀到反思：世界哲學史的可能性

從讀者公眾的設定來說，此套書以其清晰而簡短的論述文字，展現了高度的可讀性。要在有限篇幅內勾勒出具有複雜背景的哲學論點，誠屬不易，而能夠以適度簡化的方式面對公眾，又不失哲學內部細緻的原汁原味，更是考驗撰寫者抽絲剝繭的能耐。而第八冊以十章的篇幅勾畫出一幅二十世紀哲學的多元性面貌，並不特別失真，也提供了基本的知識訊息。對於門外漢來說，也許某些篇章過於集中在特定議題上，或者濃縮到僅剩粗略的梗概，但整冊在點到為止之際，確實也都緊扣著共同主題——亦即如何拼織一幅世界哲學的圖樣。對研究哲學的讀者來說，也許較為熟悉某些特定章節的內容，但在跨出該領域，進入其他的陌生領域時，應該也可以有吸收新知的愉悅；而即使讀者有某一感興趣或熟悉的領域，也能透過對比發現在這幅簡略草圖中，自己屬於哪個位置。當然，極有可能是這張草圖沒有標出讀者所辨認的自身位置。

想要深入一點考察的讀者，或許可注意到每一章的切入點各自不同，反映出撰寫者看待其處理主題的立場，尤其各章的結論試圖總結出一個領域或一段歷史的評斷，經常可以看到撰寫者的批判觀點，讀來特別讓人覺得有趣。陳述歷史（尤其是哲學的歷史），跟此一歷史保持批判性的距離有其必要，這種距離感拉出了一種對同時代性的特殊理解條件。不同歷史脈絡的人往往難以彼此理解，不同哲學立場的人更是難以彼此欣賞，各何況哲學的門檻極高，要跨過門檻達成理解，往往都要跟此種距離感拉鋸。因此，每一個批判的距離對於撰寫者來說都是一種挑戰，既要扮演好報導人的角色，盡可能有「清楚的再現」，但又在距離感的制約下，了解「再現的不可能」。

對筆者而言，本書乃至整套書都清楚呈現了當前日本哲學界的某些樣貌，在知識報導的面具下，展現了日本學者思考哲學的各種歷史實在性以及未來可能性的努力。雖然筆者與這些學者們屬於同一時代的人，但語言隔閡仍讓人感覺到某種參差不一的時代落差。同時，筆者也不禁思考，若在台灣，會如何編寫這樣一套哲學史？而實際狀況是，究竟要花多少年，才可能編出這樣一套反映台灣觀點的哲學史呢？

筆者泰半同意本書在〈終章〉展望中強調的多元性及共通性。面對哲學的未來以及世界的未來，這種重新構思哲學的共同基礎有其不可忽視的重要性。然而，從現在通向未來，勢必要面對今日的種種挑戰，這些挑戰也是人類與世界的共同挑戰：生態、數位及生物科技、經濟及政治秩序、氣候、價值衝突。

當代哲學尚未劃上句點，這段歷史也尚未進入下一階段（也許不是，但這只是筆者的個人評估）。因此，如果這樣說是在回顧過去的「世界」哲學史以迎接「未來」，那麼「未來」尚未來到，而我們仍在必須面對種種挑戰的掙扎困頓之中。此外，若「面向未來」是一種希望或期許，那麼，在閱讀此書之餘，也需要同時評估當前的思想創造活動。因為新世界與新創意不會自動來到，而是有賴於觀點轉換的努力。對於我們在台灣以漢語思考及寫作的人來說，更須融入本土的觀點，才能真切地認識到具體的多樣性。甚至，這種本土性或許還包含一種無可認同、無所依傍的漂浮。然而，正因為如此，要領略哲學，便須穿透到思想內部，進行思考者自身的觀點轉換，以此開拓未來的可能性。